新版 学級を組織する法則

学芸みらい教育新書 ④

向山洋一
Mukoyama Yoichi

学芸みらい社

まえがき

学級は、一人一人がバラバラである。優れた教師はバラバラ集団をまとめていく。若い教師や力のない教師は、バラバラに対して、指導することができない。「怒鳴る」「説教する」というわるい対応しかできない。子供は、教師に反抗するようになる。

学級を組織するには、原理・原則(法則)がある。

大学を出たばかりの新卒の教師は、「私は子供を大切にする」ということ、「一人一人の言うこと」に耳を傾け、一人一人に対応するのであるが、その結果、二カ月もしないうちにクラスはズタズタになり、騒乱状態になる。

それは、「学級」という「集団」を生かしていくためには、それなりの「方法」や「仕組み」が必要なのに、それを使わないからである。

この本の目的は、「学級づくり論」を明確にすることである。

これまで、著書の中で『向山学級騒動記』をはじめ「学級経営シリーズ」、あるいは「学級通信」「学年通信」など、「学級づくり」の実践は世に出してきた。

私としては、その中に含めたつもりなのだが、読み手にとってはそうではないらしい。

つまり「素材」がそのままどーんと提出されているので、「つかみとれない部分」があるらしいのである。

「授業」の方については、少しは検討を加えてきたのだが、「学級づくり」については、「素材」だけで手付かずであった。

そこで、本書で「学級づくり論」についても分析していきたい。

向山の学級づくり論を証明できるものが二つある。

一つは、向山の実践記録である。

一つは、法則化運動そのものである。日本一の教師の研究団体は、こうして作られたのである。

法則化運動の組み立ては、向山の学級づくり論と原理は同じである。

法則化運動を「組織論・活動論・指導論」の三つからみるとよく分かる。「目標論」が入っていないのは同じである。

法則化運動に目標がないわけではない。

他のいかなる団体と比べても、明確な目標がある。規約にも書いてあるし、誰でも知っている。

「教育技術の法則化」が目標だからである。

他の研究団体と比べて、何か違うと感じるのは、目標そのものが研究団体名になっているからである。

私だって「目標論」を語れないわけではない。

しかし、「目標論」を語るのは後でいい。

「目標が明確であること、支持されていること」の条件を満たせば、論じるまでもないのだ。目標が明確でないところほど、目標を論じたがるのである。

私の学級を組織する原理は、新卒のころから一貫している。本書にはその大枠を収めた。

本書を活用して、学級づくりを確立するよう願っている。

目次

第2章　イベントでクラスがまとまる　51

第3章 学級づくりの諸問題 91

第4章 学級づくりとリーダー 111

第1章

学級づくり論三つの枠組み

1　学級づくり論の枠組み

学級づくり論（児童活動論）の枠組みを作るとすれば、次の三つの分野になる。

一、組織論
二、活動論
三、指導論

この三つの枠組みは、「学級づくり」における「実践原則」をずばりと示す構造になっている。

法則化運動の学級づくり論は、私の二〇代の実践、「大四小（大森第四小学校）時代の実践」を原型にしている。

そこから出発する。

その大四小時代の、私の「学級づくり」の構造は右の三つであった。

まずは、そのポイントについて言及することにする。

2　組織論

（1）四月の初めに何をするか

四月になって、新しい学級を受け持つ。そこにいるのは、烏合の衆である。群れがあるにすぎない。

異なる人々が同じ部屋で、同じ時間割の中で生活をするのだから、何らかのルールが必要になる。

給食の時どうするのか、誰かがけがをしたらどうするのか、雨が降った時はどんなことをするのか。際限なく問題は発生する。

問題が発生しても、「子供の生活のすべて」が、「子供自身の運営」によって「快適にすごす」ために、役割の分担が必要になってくる。

それが、「学級のしくみ」である。

「学級のしくみ」を作るのは、教師の責任である。

むろん「子供たちに相談させたり」「次第に改善していったり」という方法もある。

そのようなことはいろいろとあるが、「学級のしくみ」を作るのは、教師の責任なのである。

「学級のしくみ」づくりは、十人十色である。教師がちがえば、しくみもちがってくる。ある意味で、「学級のしくみ」を見れば、教師の力量が分かるほどなのである。

大工さんが家を建てる時、図面を描き、木材に墨を入れる。この墨の入れ方は、人によって微妙にちがうらしい。部材がそれぞれにピタッと収まって、家は組み立てられる。

ところが、いくら修業しても、墨を入れることができない人がいるらしい。当然、棟梁《とうりよう》にはなれない。

「学級のしくみ」を作るのもこれと同じである。かんたんそうに見えて、実はなかなか大変なのだ。特に若い教師にとってはそうである。

では、「学級づくり」の組織論において大切なことは何だろうか。それは、「新年度、できる限りはやく、学級のしくみを作る」ということである。目安を言えば、始業式から三日以内である。この時に作った組織が、一年間動いていくと思ってまちがいない。むろん、途中で修正があったり、変化があったりするだろうが、枠組みはこの時に決まる。

新卒五年目までの教師なら、最初の三日間の「学級のしくみ」づくりに、全力を挙げるべきだ。

むろん、中にはちがう作り方をする人もいる。たとえば、私は、最初は何も作らないで、自然に必要が生じたしくみを作り上げた体験もある。

しかし、こういう作り方は、よほど自信がなければすすめられない。猛烈にむずかしいからである。

「まちがえたら、後で直せばいい」と思われるだろうが、後で直せるのは、よほど力のある教師の場合だけで、出発点の「学級のしくみづくり」が失敗したら、ふつうは一年間は取り戻せないものなのである。

うまくいって、「八〇パーセントくらい回復する」というあたりだろうと思う。担任になって、最初の三日間に、学級のしくみを作るのは、それほど重要なことである。

さて、次にどのように作るかである。様々な作り方がある。どのような状態を目指すのかが分からない。はっきりとしない。そんな時、「担任がいなくても一週間子供だけが生活できる」状態を思い浮かべるといい。

実際は、担任が休んでも代わりの人が来るし、一年生と六年生ではちがいが生じるのだが、「学級のしくみ」を作る上では、「担任なしの一週間の生活」を思い描いてみるのが一番分かりやすい。

朝、学校に来たら子供は何をするのだろうか。

窓を開けるのは誰なのか？　授業が始まるまでの間は何をするのか、授業中の手伝いなど誰が担当するのか？　給食当番は誰がするのか？　忘れ物をしたらどうするのか？

こうすると、様々なことが見えてくる。生活上どうしても必要な組織が見えてくる。

たとえば、給食当番、掃除当番である。通例では、班、グループなどを作って交代にするだろう。また「落とし物」「黒板」などの係も必要になってくる。私は「一人一役」を原則としてきた。「一班一仕事」という場合もある。

こうして「当番」「準当番」のようなものが決められていく。さて、これだけでいいのか？　これらの当番、準当番が機能しない時はどうするのか。チェックするような、あるいは催促するようなしくみも必要となる。これで、必要な「機能」は作られるだろう。

しかし、まだ足りない。

「豊かな生活」というのか「楽しい生活」というのか、そういうものを作り出していくしくみがない。文化・スポーツ・レクリエーションを作り出すしくみが必要である。

通例、「係」といわれるのがこれである。

何をするのか
いつするのか

この二つが、明確でなければ、係は動きはしない。

このように考えてくると、教師は、四〇人の出演者がいる映画の演出家のようなものである。あるいは、四〇人の選手のいるチームの監督のようなものである。あるいは、四〇人の社員のいる社長のようなものである。

四〇人の人間が、役割を分担し、生きがいを感じ、しかも、スムーズに生活が送れなくてはならない。

そのために「係」というしくみを作ることが必要になる。

(2) 組織化のイメージ

学級を組織するのは、教師の仕事である。

それは、学級経営の土台であり、しっかりと組み立てなくてはならない。学級の組織は、教師の技量と個性が反映される。

まず、「教師の責任なのだ」と自覚することから、すべては出発する。

さて、イメージとしては「教師が一週間休んでも子供たちが快適な学校生活を送っている」状態を描くのが分かりやすいと述べた。

一週間分を思い描いてみれば、いろいろなことが見えてくる。それを、すべてノートに書き付けてみる。メモでけっこう。大まかでいいのである。ふつう、「ひらめき」は、大まかなメモから誕生してくるのである。

さて、誤解のないように言っておけば、私は「一週間担任がいなくてもいいクラスを作る」と言っているのではない。そのように考えた方が、分かりやすいと述べたのである。

本来は、「係」の目的やら意義などから論じる方が順当なのだろう。

しかし、それでは、分かりにくいのである。

全体像が描きにくいのだ。

学級を組織する以上、全体像を描くことがどうしても必要になってくる。そのためには、学級で実際に活動される係にはどんなものがあるのかを、具体的に取り上げた方が分かりやすい。

(3) 学級内の三つの仕事分野

一週間の子供の活動を描いてみると、そこには、いろいろな活動が存在することが分かる。そして、それらの活動をいくつかにまとめる作業をしてみる。

これも人によってちがうであろうが、私の場合は、次のように括《くく》ってきた。

一、学級を維持するため、毎日定期的にくり返される仕事で、一定の人数が必要なもの。
(例) 掃除当番、給食当番
二、定期・不定期にかかわらずくり返される行動で、少人数でよいもの(創作工夫をあまり必要としないもの)。
(例) 黒板係、配布物の係、落しもの係、など
三、学級生活を豊かにするために必要な組織(＝文化・スポーツ・レクリエーション三分野の係)。
(例) 集金係、スポーツ係、新聞係

学級の中には、この三つの仕事の分野があることになる。
さて、実は、これ以外にも考えておくべきことはある。
まず、前記の組織が機能しない場合が十分考えられるが、それをどこで補うかというこ

とである。ある種のチェック機能が必要となる。

これは、「定期的に係が報告する」システムを作ってもいいし、「日直」などにその機能を与えてもいいし、教師が代行してもいい。

学年により、人数により、状況により異なるだろう。

ただし、定期的なチェック機能が必要だということである。チェックというのは、促進作用であって、処罰の担当ではない。子供が子供を処罰することはできない。許されない。教師のみが、教育権の範囲内でできるのである。

その次に、「教科」にかかわる組織を作っておく必要がある。

私の場合は、「教科は教師が教えるべきだ」という原則で、教科の係は作らなかった。

しかし、たとえば体育の授業の時など、「用具の準備」や、時には「準備運動」を誰が中心になってやっておくのかというルールを決めておくことは必要だった。

こういう「係」は、教師の補助的仕事であるから、文化・スポーツ・レクリエーションなどの本来の「係」とは、明確に区別すべきものである。

低学年のうちは、混在しているだろうが、高学年になるにつれて分離させていくべきだろう。

第三に、「自由研究」や突発の「イベント」など、「豊かさ」に対応できる係があれば、なおすばらしいということである。

（4）向山学級組織図

大四小のころ、私のクラスの組織図は二二頁のようになっていた。

学級の中は大きく「三つの枠組み」で組織されていた。

一つは、六名ぐらいのグループによる班である。これは、席が隣とうしろという条件のみで決められる。

どこのクラスにでもあるだろう。給食当番、掃除当番などは、これが使われる。

もう一つは、係である。これは文化・スポーツ・レクリエーションが基本である。「希望」が原則であり「希望」がなければ、その係は作らない。

最後の一つはこまごまとした日常的な仕事であり、これは「一人一役」を基本としている。

私の学級組織の原型は、第一回の六年生を担任した一九七一年の実践に見ることができる。この年の実践は、東京都の代表として、全国教研集会生活指導分科会に報告している。次頁の組織図はその時のものである。

学級は次のように組織されている。

〈学級組織図〉

学級総会

- **日直**
  - お知らせ
  - 黒板　チョーク　花びん　日計表　温度調べ
  - 教卓　プリント　封とう　鉛筆削り　提示
  - 棚整理　背面黒板　テーブルクロス　金魚
  - 下駄箱　落し物　学級備品（マジックなど）　献立
  - ●一人一役制の原則
  - ●当番活動
- **係長会**　週一回
  - 係日記
  - Ⓐ新聞係
    - (イ)新聞ボーガー　毎週火曜日発行
    - (ロ)新聞かしまし　〃木〃
    - (ハ)新聞33　〃土〃
  - Ⓑ議事運営委員会（学級会係）
  - Ⓒ文集・雑誌係
  - Ⓓ集会係
  - Ⓔ実行委員会
    - (イ)伊豆高原実行委員会
    - (ロ)スポーツ大会実行委員会
  - ●自主性　●自発性　●創造性　の貫徹
- **班長会**　週一回
  - 班日記
  - 1班　2班　3班　4班　5班　6班
  - ●集団形成の基本的〃場〃（班学習・班遊び多し）

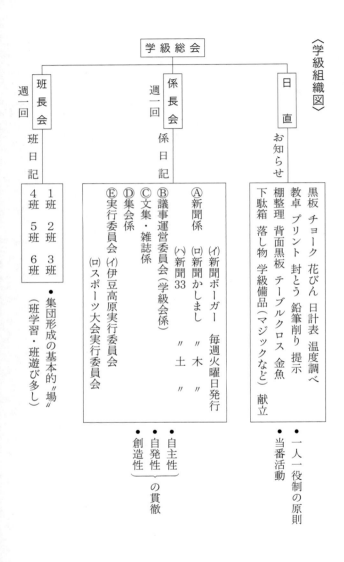

〈週予定表〉

	月	火	水	木	金	土
朝（一五分間）	（朝礼）	班会議	各班から連絡	係より報告	班会議	週目標について
帰（一〇分間）	A議運	B班長会	C集会	当番より	反省議運	
放課後	班長会 係長会	（班活動）	（係活動）	（班活動）	（係活動）	

〈研究班〉記録ノート

①人類の発生と先史時代（五名）
②戦国時代の戦闘史（四名）
③漢字のでき方と文学の誕生（五名）
④数の種類（三名）
⑤プランクトンの一生（三名）

⑥ドイツ古典派音楽家の生涯（五名）
⑦オリンピックの歴史と記録（四名）
⑧さむらいの発生と源平の戦い（二名）
⑨絵画法の流れ（四名）
⑩金魚の一生（二名）
⑪アフリカ諸国の生活（二名）

〈注意〉

1　研究題目は自由。
2　一年間継続可能なもの。
3　研究方法を設定できるもの（すでに大使館等へ電話で問い合わせするのもあり）。
4　発表会は数回持つ。
5　最後はレポートにまとめる。
6　記録は詳細に残す。

〈注意事項〉

1　当番活動と係活動を明確に分離する。分離の基準は、児童の自主性、自発性、創造性が保障できるかどうかにおく。
2　日直はその日一日の全責任を持ち、当番活動に含まれぬ仕事もする（机の整頓など）。
3　係活動はどの係も1を満足させられ、かつ、常時活動可能なものとする。活動の場、方法を完全に与える。
4　班は日常生活の基本単位とし、内的集団形成の場とする。
5　班長、係の兼任はしない。
6　班長、係長は立候補演説をともなう立候補とする。ない場合は空白のままにする。多数立候補した場合はジャンケンとし選挙はしない（誰に対してもなれるチャンスを平等完全に保障する）。
7　対面式のあいさつ　臨時実行委員等も6に準じる（実行委員は私案の提出を求める）。
8　週予定表の帰りの一〇分間は議運（議事運営委員会）、班長会、集会が運営し、やることは自由とする。

『一九七一・四・二〇　大四小の児童活動』

なお、大森第四小学校には、学級委員は存在しなかった。かわりに、各クラスに四名の代表がいて、毎月交代する輪番制であった。

その後に赴任した調布大塚小学校には学級委員が存在した。私が児童活動を担当していた時に「選出方法は各学級にまかされる」という方針を、職員会議で可決した。したがって、私は、すべて立候補によるジャンケンで選出した。なお、立候補の時は、方針を示すことが唯一の条件であった。この「方針を示す」ことがあるから「立候補ジャンケン」システムは成長を保障されるのである。

「学級を組織する」というのは、私が組織図に示したような組織を作り、それらが活動する時間を「定期的」に設置し、活動する上での諸原則を示すことである。

これは、学年によって、地方によって、学級によって、当然異なってくる。

しかし、貫かれる原則もある。

ここまでに、その原則のいくつかを、私は示した。

皆さんの各学級の実態をふり返り、自分は、どのように学級を組織しているのかを、サークルなどで検討されることを願う。

当番活動と係活動のちがいは何であろうか。両方とも「仕事をする」という点で変わりはない。また、その仕事が「みんなのためになる」ということでも変わりはない。

当番も係も「みんなのためになる仕事をしている」のである。ここまでは同じであるがちがいもある。

当番は、「毎日毎日同じ手順をくり返す」ことが多い。

掃除当番を考えてみればよいだろう。そこには多少の創意工夫が入るにせよ、ほぼ決まった手順がくり返されるようになる。

しかし「新聞係」などはちがう。

新聞を作るという手順は同じでも「記事」は毎回異なってくる。新聞係には「創意工夫する」「考える」という特徴があるわけである。これが何よりのちがいである。

もう一つのちがいは、どちらも「みんなのために」しているのだが、その機能がちがう。

掃除というのは「みんなのために」しているのだが、日常的な当たり前の作業である。

ところが、新聞係が「イラストコンクール」などをすると、みんなのためになることでありながら働きがちがってくる。

つまり「みんなに働きかける」「みんなに喜ばれる」という内容を持っているのである。

すると「係」にふさわしいものは明らかである。

「自分たちの考えを工夫して」「みんなに働きかけ」「みんなに喜ばれる」活動をするもの

が「係」となる。

「係」としては、「新聞係」「生きもの係」「集会係」などが代表的である。これは、何十年も続いている係であるが、私は新たに「チャレラン（チャレンジランキングの略称）係」という「係」を創り出した。この子供の遊びを復活させる運動は、全国に広がっている。これは一九八六年に始まった、子供の健全育成を目指す活動で、二〇一三年には「夢中で遊ぶ子一〇〇％へ」をスローガンとした特定非営利活動法人となっている。

これは、子供の遊びへの開拓、そのスコアを「メッセージ」とした文化である。

新しい時代、二一世紀型の「子供文化」といえるだろう。

「チャレラン係」のようなものは、これから次々と作られていくだろう。

3　活動論

(1) いかなる活動をさせるのか

いかなる活動をさせていくのか？　これは、とても大切なことである。

たとえば、次のような考え方がある。

> 集団としての力量を付けさせるために活動をしくむ。

学級集団としての力を付けたい。まとまって何かをする力を付けたい。

そのためには、何かを活動させ、その中で力を付けていく——という考え方である。

たとえば「忘れ物をなくす」競争をさせて、その中で「集団としての力を付けていく」という方法である。

確かに、学校は教育をする場所である以上、

> 何かの力を付ける。

そのために、

何か活動させる。

ということはあるだろう。

こういう面は確かにあるのだが、しかし、これだけでは一面的である。

A　学校教育は、未来のための力を付けている。

こういう一面もあるのだが、次の一面もあるからである。

B　学校教育は、その時の子供の生活そのものである。

当たり前に思うことかもしれない。AとBはちがわないように思えるかもしれない。しかし、これは、大変な差なのである。

私は、病気にかかって、これから先それほど長く生きられないという子供を受け持ったことがある。

高校へ行って、大学へ行って、社会人になるということを、その子は描けなかった。

このような子を担任した時、どのような教育をすればいいのだろうか。


未来のための力を付けるために、「忘れ物をなくす競争」を組織する。


ことだろうか？

これから先、あまり長く生きられない子供を相手に「忘れ物をなくす競争」をするなど、ひどくみじめったらしく思えてくる。

教師としての自分が、ひどくみじめに思えてくるのである。もっと、やれることがあるのではないか、担任だからこそ、やれることがあるのではないかという思いがわいてくる。

その子に「私は生きてきてよかった」という充実した体験を与えてやりたいと思う。

その子は「未来のために」学校に来ているのではなく、まさに現在の瞬間を生きるために「学校に来ている」のである。

「生きてきてよかった」と思える体験――それはどんなことなのだろうか？

人はどんな時に「生きてきてよかった」と感じるのだろうか？　むろん、人は様々だから、「よかった」と思えることはちがうだろう。人それぞれだが、ある種の傾向は出てくる。

私の経験でいえば、第一位は「論争に満ちた授業」「あれこれ考えた授業」であり、第二位は「クラス全体でやったイベント活動」である。

これらのことは、まさに「学級」の中でしかできない。どれほどすぐれた親でも、我が子に与えることはできないのである。

余命があまりない子のことを書いたが、事情は他の子でも同じである。

子供は、「未来のために生きている」とともに、「現在の瞬間を生きている」のである。だから、「現在の瞬間を生きている」ことが実感できる活動であって、同時にそれが「未来を生きる」ためのものであれば、理想的である。

これを逆にすると意味は激減する。「未来のためのもの」を優先すると意味が減ってしまうのである。

私が「忘れ物競争」などの「ボロ班システム」を評価しないのは、根本において、ここが逆転していることも一因である。

「ボロ班システム」においては、長い間「文化活動」は不毛であって、「文化活動」に手が付けられるのは、ずっと後になってからである。

それは「ボロ班の論理」の中に「子供は、現在の瞬間を生きている」という捉え方が稀薄だったからである。

(2) 二つの活動の方向

さて、そうすると、「現在の瞬間」を「よりよく、より楽しく、より充実して」生きるためには、どんなことが必要なのであろうか。

そのための第一の条件は「知的な授業」をすることである。これは、学校教育の前提である。ある意味で、ここがうまくできれば、その他のことは、すべてうまくいくと言っても過言ではない。

逆に、それ以外のことがいくらうまくできても、「知的な授業」ができない以上は、いつも問題が生じてくる。このことを、教師は、いつも心がけておくべきだと思う。

むろん、「知的な授業」など、すぐにできるものではない。だから、そのための努力を意図的にしているということでいいだろう。これを前提にする。

「知的な授業」のための努力をしない人は——まずそちらが先である。根本的なことをしないで、うまくいくはずがない。

知的な授業をすれば、子供は先生が好きになり、学校へ来るのが楽しくなる。

そんな学級での、活動は大きく二つに分けられる。

> 第一は、自分たちの生活上の問題を自分たちで解決していくことである。
> 第二は、自分たちの生活を様々な活動（イベント）によって楽しくすることである。

班を作るというのは、主として自治のためである。自分たちの日常の生活が（たとえば給食当番や掃除当番などが）うまく機能したり、相談ごとをしたりするために班を作るのである。時にはイベントが入ることだってあるだろう。

「係」「集会」などは「現在の瞬間」をみんなで楽しむためにある。

だから「係」の活動は、必ず「学級全体」に関係するものでなくてはならない。

「学級全体」ではなく、やりたい人だけでやるのなら、それは「クラブ」であり「同好会」である。それゆえ学級全体にかかわる「係」は、学級全体を動かすイベントをも企画するのが望ましい。

この点で「黒板係」「お花係」などというのは、本来は「当番活動」なのであって、「係活動」になじみにくい。

低学年のころは、当番と係活動が混在しているだろうが、高学年になるにつれて分化していくべきである。

したがって「係活動」とは「文化・スポーツ・レクリエーション」の三つの分野を主たる内容とすべきなのである。

学級会は、「自分たちの問題にかかわる活動」と「楽しくするための活動」の両方にかかわる。

双方の「議題」が必要になるわけである。

私の実感では、「問題」が二割、「楽しさ」が八割ぐらいであろうか。

さて、「大きなイベント」もできるだけ早く計画したい。

この「大イベント」というのは、これだけで一項目を必要とするほど大切なことである。

「大イベント」の中でこそ、子供は最も充実感を味わい、かつそれを通して学んでいくと思う。

4　指導論

（1）活動をつかみ評価する

学級づくりにおいて「組織を作り」「活動を始めた」後で出てくるのが「指導」の問題である。

やらせっぱなしでは、「働き」はいつか消滅する。

人間は「自分でたてた計画」とか「自分の仕事に対する責任感」で、自分を律していけるものであるが、しかし、それだけではそれほど長くは続かない。

「自分に対する評価」がされるから、行動をするのである。

「評価」こそ、行動の原動力といっていい。

「評価」の方法には様々ある。

何も先生が「A」「B」「C」を付けるのだけが評価ではない。

試合をして「勝ち」「負け」が分かるのが評価である。競争というのは「かなり公平な評価」なのである。

「評価」は行動の原動力であるが、プラスに働くだけとは限らない。「やる気をなくさせる」マイナスの評価もある。反発を受けるような評価もある。

だから「評価」というのは、大変むずかしいのだけれども、しかし「評価」こそが行動を促し、持続させていく原動力なのである。

学級の組織ができ、活動が始まった時に教師がやるべき指導は、まず「現状を確認する」ということである。

活動というのは、日々変化していく。または変化すべきである。この変化には、一人一人の子供の取り組みがかかわっている。

こうした変化をつかむこと、現状を把握することが指導の一番目にすべきことである。「現状をつかむ」ことなくして、指導はありえない。いや「現状をつかむ」ことこそが、指導の第一歩である。

教師が現状をつかんでくれたら、子供はそれだけで満足なのである。

自分自身のことを分かってくれる、知ってくれるということは、「行動」に対する大きなはげましでもあるのだ。

時には「自分を知ってくれる」なら、生命をも投げ出す人もいるのである。

「士は己を知る者のために死す」である。

「活動」の「変化」について、知る方法は様々ある。教師に、その意志さえあれば方法はいくらでも生まれる。

ただ、教師の「考え方」だけにまかせない方がいい。

教師が「やる気」でいる時は、どんどんつかめるが、「やる気」がなくなると、まるで放っぽりぱなしになるのではよくない。

どんな人間でも、気分の変化はある。

「やる気」のない時もある。

そんな安定しない「気分」による「マイナス」を防ぐために人間は工夫をしてきた。

それは「システム」を作り出すことである。

「システム」というのは、「気分」に左右されずに、それなりの安定した活動をしていくために考え出されたのである。

ある一時期なら「気分」にまかせた方がうまくいく時もあるが、長い目で見れば、やはり「システム」を作った方が勝つ。

子供の活動をつかむシステムを作ればいいのである。

たとえば、毎日の「帰りの会」のうち、週に一回だけは「係からの報告」という日にする（ところで帰りの会は長くても一〇分間で終了すべきだと思う)。こうすることによって、係や様々な活動は報告されるようになる。

教師も加わり、一つか二つ、質問をするとよい(黙っているよりもその方がいい。またあまり口出しするのも考えものだ)。このことで、子供の活動は活発に展開されていくだろう。これが「現状をつかむ」ということの意味である。

さて現状をつかんだら、次にすることがある。

「うまくいってないところ」へアドバイスしたいだろうし、「さぼっているところ」へ気合いも入れたいだろう。しかし、そんなことの前にやることがある。それは「活動している子供」の中で、すばらしいところを取り出し「ほめる」ことである。いいところを認め、ここぞとばかりにほめる。

これは、いろいろな作用をする。

まずは、ほめられたグループは、次には、もっといいものをやろうと奮起するだろう。今までの活動に対する満足感も得られる。

一方、さぼっていたグループは「しまった」と思うにちがいない。何とかしなくてはと思うことだろう。むろん、「何とかしなくては」と思っても、次の週まで何もしないかもしれない。しかし、次の週に、またすばらしいグループがほめられれば「しまった」と思う。そのうちに、自分たちも活動を始めるようになる。

叱るのも時には大切だが、しかし、「日常的な活動」のような場合は、よいグループをほめることで(それを続けることで)全体を動かしていくようにすればいいのである。

教師がほめることによって「まじめに活動しよう」とするグループは増えていく。

それだけではない。

教師は「新しく工夫したところ」もほめるわけだから「創意工夫」が次々に生まれるようになる。「ほめる」ということが「創意工夫」を促すのである。

大事なことなので、もう一度書こう。

「叱る」ことによって、活動を促すことはできる。

しかし「ほめる」ことによっても活動を促すことはできる。

しかも「叱る」ことによって「創意工夫」が生まれることはないが、「ほめる」ことによっては次々と作り出される。

こうして「ほめ上手な先生」のクラスでは、次々と面白く、すばらしい活動が展開されるのである。

(2) 偶発の問題への対処

「指導」の中で、もう一つ大切なのは、「偶発の問題」に対処するということである。偶発の問題とは、たとえば新聞係で、発行忘れがたびたび起きる。集会では一部の人の意見で進められてしまうなどである。

偶発の問題は、しばしば起こるものである。

偶発の問題が生じた時に、取るべき行動は二つである。

まずは、事実の確認をできる限り正確に行うということ。

事実の確認なしに、方針は決められない。

事実の確認は、ゆっくりと正確にやるということではない。偶発の問題というのは、しばしば緊急を要するものである。そんな時に「ゆっくり」していては、問題を複雑にしてしまう。

その時の、与えられた条件の中で、できる限り正確につかむということである。

事故の場合も同じである。

事実を具体的に正確につかむ――これなしには正しい方針はたてられない。

偶発の問題が生じた時――若い教師はしばしば足が宙に浮くようなところがある。事実をきちんとつかまえないで、あたふたしてしまうのである。まず、事実をつかむのである。

次に、解決のための「具体的方針」を「即座」に出すこと。

方針は具体的でなければならない。「よく考えて行動する」などというのは抽象的方針である。選択の幅の狭い、具体的な方針を出すのである。

しかも「即座」に出すのだ。「ゆっくり考えて」などというのはだめである。「ゆっくり考えて」などというのは無方針と同じことである。

「方針がない」ということは「まちがえた方針」よりもわるい。

「どんなまちがえた方針」でも「方針がない」のよりはましである。

教師は、子供にとって指導者であり、指導者は「方針を出す」のが仕事ともいえる。

方針が必要な時に出さないと、その後の混乱は目に余るものがあるだろう。

「まちがえた方針」でもいいのである。とにかく方針を出すことが必要だ。

むろん、まちがえた方針なら、その後で修正をすればよい。「事実をつかんだ」上での方針なら、まちがえても、たいしたことはないのである。

大切なことなのでくどく言っておきたい。「方針がない」というのは最悪の方法である。

5　研究課題

（1）大四小児活の研究課題

教師四年目の年、児童活動主任の私は「次年度の研究方向」について次の提案をした。
これは「研究課題」であるとともに「実践課題」でもあった。

> 児活（児童活動）〈学級活動について〉
> 一九七二・五・二四　大四小児活研（大森第四小学校児童活動研究会）

① はじめに

第Ⅰ年度の研究論文は次の文で括られている。

かくして、重点として研究してきた一年間は、過ぎ去っていった。我々は、ここに、確固たる何かをつかんでいない。だが、実践の貴重さ、討論の重大さを知った。そして、一年間のしめくくりを迎え、各自で実践をまとめていくうち、全体的な視野に目を向け、学年や全校集団との関連を追求していかねばならないことが、今後の課題として出されてきたのである。

（研究紀要　第Ⅰ集　Ⅲ総括より）

こうした研究課題の一定の分析をすることと、それに基づく研究課題を立てることが、第Ⅱ年度研究の開始にあたって、必要であろう。

② 研究課題

a　学校児童会は、学級を基礎集団として、成り立っている。

b　学級は、二重組織としての役割を果たしてきた。

第一は、学級が内に対して働く、つまり学級内の自治的・自主的活動を展開する集団としてと、第二に、学級が外に対して働く、つまり学年・学校集団とのかかわりにおける集団としてである。

c　これは、かつて本校でも論争されたごとく、次の原因によるものであった。

第一に、学校児童会の下請けにすぎないような学級会活動では、本来の児童活動の目的になじまないということであり、第二は、学校児童会活動の他に、各学級ではそれぞれの目的を持ちながらの固有の活動があるということである。

d　本校では、五年前から、学校児童会活動と学級会活動とをかなり明確に切り離し、それぞれの活動の前進のための努力が続けられてきた。昨年度の研究は、そうした今までの特活・児活の流れの中で位置付けられ、学級会活動固有の活動の研究が主として認定された。そして、学級会活動のあり方・実際、内容・方法についての研究が行われ、いくつかの集団形成の筋道と、活動内容・方法が示され、議論された。

e　その研究協議の過程の中で、学年・学校集団とのかかわりが課題としてあがってきたのである。それは、学級が外に対して働く活動への切りこみという視点から主として出されてきた課題であった。

f　むろん、学年・学校集団の形成は、「学級から」を、唯一の方法とするものではない。学年・学校集団の活動を通して、学級に還流されてくるものも少なくない。

g　そうしたことをふまえるならば、児活研究の研究課題もまた明らかであろう。それは、学級集団が外に対して働く作用と、外から学級集団に対して働く作用の研究となるであろう。それはまた、学級集団そのものの研究から、学級集団と他集団とのかかわりを研究することへ前進したことを意味し、発展的な研究課題といえるであろう。

h　この第Ⅱ年度研究は、第Ⅰ年度研究とあいまって、児童活動の全体像を浮き上がらせる役割をするであろう。むろん、この二年間の研究が、その内容を十分に深化させえるとは期待しにくいが、児童活動の全体像を明らかにする課題には、答えてくれるだろう。

③ 研究対象

a 学年・学校集団とのかかわりにおける学級集団の活動、及び学年・学校集団の活動。ひらたくいえば、「スポーツ大会にクラスとしてどう取り組んだか」「学芸会に学年としてどうとりくんだか」「代表委員会の議題をどう受けとめたか」などの活動を通して、「どのような問題が起き」「どのように解決したのか」、「どのような質の活動を展開できたのか」「児童がどのように変革・変容されたのか」などを研究するということである。

b 学年・学校集団は、いかなる教育的目的を持って設定されるべきであり、そのためにいかなる活動が、いかなる方法で展開される必要があるのかという児童活動理論（実践分析から追究されるべき理論）。

㋑ 学年・学校集団は、学級集団のような発展的段階がありうるのか。あるとすれば、その指標は何か。

㋺ 活動内容は、どの程度多様に、どのような段階まで豊かにすることができうるのか。

㋩ 活動方法は、いかなる形がありえて、その方法を貫く一般性、科学性がありうるのか。

④　研究方法

ａ　学年・学校で展開される活動への学級としての取り組み、学級から外へ向けられていった活動の取り組みを、事例報告、活動参観、授業参観を通して研究する。

ｂ　原則として、一学年が一回の研究発表を担当する。

（五、六年の場合は、他に委員会活動の発表がありうる）。

㊟　発表の場合は、基本的な学級集団とのかかわりが求められるのであるから、昨年度の延長の上に、本年度研究がある点をふまえるように注意する。

（2）児童活動四つの分野

そして翌々年、私は「児童活動の四つの分野」と題する次の報告を行った。

これは、大四小児活がたどりついた一つの実践的帰結であった。

①　児童活動の四つの分野

児童活動の分野としては、ふつう、⑴児童会活動、⑵学級会活動、⑶クラブ活動の三分野が考えられている。それに加えて、本校では全校的行事・集会、学年集会等の活動を展開する一つの活動分野として、⑷実行委員会活動が行われてきた。以上の四つのことが、大四小における児活の活動分野である。

② 学級活動の四つの分野

現在の学級活動の内容としては、ふつう、(1)話し合い活動(学級会)、(2)係活動、(3)集会活動の三つの内容が考えられている。ちなみに私の現役時は、話し合い活動、係活動、学級集会活動であった。当時の大四小では、長期にわたる討論の末、(2)の係活動を二つに分類して考えていた。主として児童の自主的・創造的な活動による文化・スポーツ活動を係活動と呼び、主として奉仕的・当番的要素の強い活動を、(4)当番活動と呼んでいたわけである。

これらのことは、きちんと分けられているわけではなく、たとえば低学年においては当番活動と係活動が未分化であったり、高学年においては、それらに加えて自由な研究活動の一分野が付け加えられたり、様々な変形がありうるわけである。

③ 学級活動のねらい

このねらいも人によって千差万別である。ただし、大四小においては次のようなことは確認されてきた。つまり「集団的諸活動を展開する中で、個々の人間と集団そのものを成長させる。そしてそれらの活動にあっては、個人の人格・性格の相違が十分に配慮されなければならない」ということである。

④　学級集団形成の筋道

学級集団形成の筋道としては、次のようなことが考えられてきた。

(1)　バラバラの集団

　↓

(2)　なかよし集団（解放的集団）

　　㋑何でも言える場を

　　㋺すべての子供が生き生き活動できるように

　　㋩共同の創造と批判の展開を

　↓

(3)　追求し合う集団

◇学級集団形成の視点として、次のような意見が確認されてきた。

ア　児童の集団にとって、自由と平等が保障されることは大原則である。初期の集団においては、このことが保障されないので、教師が全面に出ていくことも要求されよう。

イ　集団形成の道は外的に（教師から）与えられた自由で平等な関係が、内的に（子供自身に）獲得された自由で平等な関係へ発展する過程である。そして、それは学級を単位としつつ、学級外へと発展させせられていく。

ウ　前述の「㋑何でも言える場を」保障するためには、児童を言えなくしてしまっている一切の障害を取りはらってやることが前提である。真の意味で何でも言える場ができるのは、個人と集団の成長があってからである。

何でも言える場を作る努力は多々あるが、その主要な形は、朝・帰りの話し合い、学級総会、班・係会議、個人日記、学級新聞などである。

エ　前述の㋺にかかわって、係活動は、児童の自主性と創造性に依拠して活動できる場であり、他の教育活動の場と比べて、最も解放的な場である。当然のことながら、係活動は子供の要求がなければ、または要求を引き出さねば成り立たないものである。

オ　前述の㋩の内容はすこぶる大切なのである。主に学級総会の中で集中的に論議された。大別して、①児活の分野、②批判・追求ということ。前者は新しいものを集団で創り出したり、後者は問題行動に関して、学級で互いに自分をさらけ出して自己否定ができるよう批判し合っていくといった形で進められた。このように一つの課題に向けて追求し合う学級集団の育成をすることが重要である。一言いっておくなら、児童の自主性・創造性に依拠するとは、無指導または放りっぱなしを意味しないということである。

第2章

イベントでクラスがまとまる

1　初めに夢がある

世の中には様々な「企て」がある。

オリンピックを成功させることも一つの企てであろうし、ベンチャービジネスも一つの企てであろう。

「オリンピック」というのは「企て」という点では、人類の歴史の中でも第一級に位置するものであろう。これに比肩する「企て」は（おそらく）戦争ぐらいしかない。戦争は悪魔の「企て」だが、「オリンピック」を「企てる」ということにめぐりあった人は、実に運がいいと思う。

この世に存在する様々な仕事も「企て」であろう。なにせ企業というくらいである。職員旅行を計画するのも一つの企てであるし、運動会を実施するのも一つの企てである。

世の中の「企業」という言葉に対して、学校では「行事」という言葉がある。ことを行うのである。

「企業」と「行事」を結び付けて考えることなど、今までの教育界にはなかったが、実は私は、両者は大変に似たところがあると思っている。

「企て」にとって、最も必要なものは何だろうか？

金だろうか、人材だろうか、組織だろうか？

「企て」が大きくなればなるほど「必要なもの」は増えていくだろう。人は「企て」に必要な様々な条件を考え、「企て」をあきらめる。しかし、(多分)最も必要なものはただ一つである。

それは「夢」である。

「何だ、そんなことか」と思うかもしれないが、これはおそらく真実である。

「企て」にとって最も必要なものは「夢」である。

だから「企て」を成功させるのは、「夢」を思い描くタイプが多い。

「夢」は誰しも心の中に思い描く。「あれがほしい」「これをやってみたい」次々に心の中に浮かんでくる。

しかし、このような夢はほとんどあとかたもなく消えていく。

だから「消えていく」多くの夢と「実現していく」わずかな夢との間には、何かちがいがある。

トロイの遺跡のことは多くの人が物語として知っていた。しかし、それを現実に発掘して、証明したのはシュリーマンである。ギリシャ神話に登場するトロイアが実在すると考え、発掘してそのことを証明したのである。

「消えていく夢」と「実現していく夢」との差は何であろう。

私はそれは「夢を描く人間の狂気」であると思う。そのことに賭けていく異常な執念である。

「狂気」という言葉は、誤解を招きそうな言葉だが、しかし、これ以外に適切な言葉が見つからない。

「企て」を「立ち上げる」には、ある種の「狂気」が必要なのだ。

実は、「教育技術の法則化運動」を「立ち上げる」時に、私が心秘《ひそ》かに心配したのはその点であった。

私は、実に常識的な人間だと思う。子供のころ、職員室に入る時きちんと「礼」をして「礼儀正しい」とほめられたことがある。

教育技術の法則化運動は、教育界としては、「大きな企て」である。もし「立ち上げ」に失敗したとすれば、それは私の力不足であり、その中心は「狂気の不足」だと思っていた。

こんなことを本当に思っていて、後日、京浜教育サークルの酒の席で言ったことがあるのだが、その時のみんなの反応は、「向山に狂気がないとすれば、あるのはどんな人なのですか」ということだった。

向山は、京浜教育サークルの面々からすれば、「狂気」を備えた常識外の人だということらしい。しかし、私には「狂気」が不足しており、その点で「立ち上げ」には向いていない人間だと思っている。しかし「狂気」の次に必要な「システム化」という点では、少しは力があるとも思っている。

2　次に策が必要となる

さて、「夢」があって「狂気」があれば「企て」は成功するかというと、実はそうでもない。

この二つだけでは駄目である。

その次には「策」が必要となる。

「計画」を立てて「それを実行する能力」が必要となる。

教育技術の法則化運動を立ち上げた時、私は次々に「法則化運動事務局」など様々な通信を全国に向けて発信していた。

ほんのちょっとのゆきずりの人にさえ「法則化運動」の必要性を訴えていた。

一人敵地にのりこんだ感じのする文芸教育研究協議会のシンポジウムでさえ（その後の文芸研サークル代表者会のパーティーでさえ）訴えた。そしてその時の、何人もが法則化に参加した。

計画があり、それをやりとげていく実行力が必要なのである。

ここのところを、多くの人はまちがえる。

何か、大きな会社なり団体なりがその人を認めて、世に出してくれるというようにである。そんなことは、ほとんどあり得ないのだ。

たった一人から始まるのである。

やはり「汗をかく」ことが必要なのである。

「夢」があって「狂気」があって「策」があれば、応援してくれる人、一緒にやってくれる人は出てくる。

法則化運動でも、チャレランでも、やはり共に「夢」を描いて行動する人々が出てきた。

「志」を同じくする人々である。「同志」である。

このような人々が一人でも二人でも生まれれば、半ば成功したといっていいだろう。

むろん「策」のやり方には、いろいろな法則がある。

「万国博」のような巨大イベントを二〇代の若さで創り上げられる人もいれば、五〇人の合宿でも悲鳴を上げる人もいる。

「腕のちがい」は歴然とある。

でも、これは学んでいける。その差をうめていける。

法則化運動はイベント多発団体だから、おそらくその点では、すべての教育団体の中で最も恵まれた位置にいるだろう。

チャレラン関係の巨大イベントは、「数百万人」という参加者を前提にして企画が立てられている。

現在の段階でそれが「二つ」もある。

むろん、これだけ巨大になると、実は第四の困難も生まれてくる。

二〇代の若さで万博の企画者であった堺屋太一氏は、ビッグ・プロジェクトや大事業を立ち上げる準備に必要な資金はわずかなものだが、これが容易には集まらないという。四〇〇年前の関ヶ原の戦いでも万博開催でも同様であると主張するのも至極当然と言えよう。

「チャレラン」の立ち上げで幸運だったのは、『向山洋一実物資料集』が刊行され、それが多くの人々に受け入れられたことだった。

チャレランというビッグ・プロジェクトの創造を、『向山洋一実物資料集』が支えたのである。「ビッグ・プロジェクト」を創造する人間は、「仲間」の利益を考えることは大切である。ボランティアはいつまでも続かない。事務所一つでもお金がいる。それらを手当していく能力、時には、自分の一切を投げ出していく覚悟が必要である。

自分の夢を優先させることは必要だ。しかし、「自分一人の利益」を優先させてはならない。そういう人には、ビッグ・プロジェクトを創り上げていく資格はない。あきらめるべきである。

3　原則はいかなる分野の人にも通じる

『有訓無訓』（日本経済新聞社）をパラパラと見ていたら、同じようなことが飛び込んできた。まずは、世界で初めてテレビの実験に成功した高柳健次郎氏である。

私がテレビジョンの実験に世界で初めて成功したのは大正十五年十二月二十五日のことだった。雲母板に書いた「イ」の字が、離れた場所に置かれたブラウン管に映った時の喜びはいまも忘れない。

私がテレビの研究にとりつかれたのは、「無線を使って遠くのものを見ることができないものか」という、いわば空想のような思いつきが始まりだったのだが、研究が進むにつれて、私は空想から現実に引き戻され、地味な生産技術の大切さを思い知らされていった。

テレビは、高柳氏の「夢」から始まったという。

なるほどと思って、この本をパラパラめくっていると、「夢はイノベーションの母」というタイトルが飛び込んできた。

筆者はソニーの創業者・井深大氏である。氏は次のように言う。

イノベーションの種はまだまだ多い。問題はその種をどうやって見付けるかだ。必要性はある程度満たされているのだから、革新を促す動機とはなりにくい。私は実にたわいのない夢を大切にすることから革新が生まれると思っている。(中略)
ソニーの躍進を約束してくれたラジオのイノベーションは、雑誌で読んだ物語なしには生まれなかったかも知れない。まさに夢は「イノベーションの母」だったのである。

『有訓無訓』の本に接した時、やたらに「夢」のことが飛び出してきた。

これだけ立場のちがう人が語るのだから、夢を描くことはやはり大切なことなのだと思う。

「夢」があり「志」に凝縮する。まずは、それからである。

「法則化運動」は一つの「夢」であり、「志」であった。この流れは、今や奔流のようになり、日本の外にも発信されている。

「チャレラン」も子供遊び文化に対する一つの「夢」であり「志」であった。

チャレランは、次々に「大イベント」に出合ってきた。「花博」「アジア太平洋博覧会」「京都フェア」「学びピア」全国縦断「ドラリンピック」（ドラえもんとの共催）このような大イベントを教師が手がけたのは今までにないだろう。

数十万人、数百万人、数千万人の人が相手のイベントともなると、組み立てがまるでちがってくる。

「どこから手を付けていいか分からない」状態から出発するのである。

しかし、これらの巨大イベントも、学級内におけるイベントも、私には同じことなのだと実感している。

こんなことを実感として言うのは、教師の世界では（おそらく）私一人だろうから、この実感については、「イベント論」として少しくわしく述べておく必要を感じる。

4　西暦二〇〇〇年イベントを我が手で

「イベント」を組み立てるのに最も大切なことは「夢を描くことだ」と述べた。

では、私の八〇年代の「イベントの夢」は何だったかといえば、それは、「西暦二〇〇〇年」のイベントを組み立てることであった。

二〇〇〇〜〇一年は、二〇世紀から二一世紀への移り変わりであった。

「一〇〇年に一度」のことである——と考えがちである。それはそうなのだが、実はそれだけではない。

二〇〇〇〜〇一年のイベントは、実は一〇〇〇年に一回のイベントなのである。「イベント大好き人間」なら、これを見のがす手はない。

一〇〇〇年に一度の大イベントを自分たちの手で創り上げない法はない。

一つは決まっている。「法則化運動の解散」である。

せっかく「法則化運動の解散」をするのだから意味のある解散をしたい。

「何をするのか」、イベント大好き人間の法則化の面々のお考えをお聞きしよう。時間はまだまだたっぷりある。

5　子供イベント集団「日本子どもチャレンジランキング連盟」発足

チャレンジランキングについて、八六年から『小学校学級経営』誌で問題提起をしてきた。チャレラン発祥の母胎は、同誌である。

教育技術の法則化運動の一角に誕生したチャレランは、今、巨大な「運動」に発展しようとしている。

もし、これがこのまま続くなら、私は「法則化運動」を立ち上げ、続いて「チャレラン」を立ち上げたということになる。

「立ち上げ」とは、大きな企画を成功裡に誕生させることである。

私は「法則化」「チャレラン」という企画を、何かの思いつきで始めたのではない。自分自身の「実践」の帰結として考えたのである。すぐれた教育技術・方法を共有財産にしよう、教師修業に筋道をつけようということは、一貫して私の中にあったものである。

また、「子供文化」「遊び文化」を学校に、堂々と取り入れていこうということも、私の実践の根本にあったことである。『向山学級騒動記』を初め、私の学級での実践記をお読みいただければ、私が「裏文化」をどれほど重視してきたかご理解いただけると思う。

子供チャレンジランキングは、そうした方向の発展としてあったのである。

一九八七年五月二八日、「日本子どもチャレンジランキング連盟」の発会式が行われた。記者会見に引き続き、パーティーがもたれた。

「チャレラン」についての反応は、教師の世界では「イマイチ」である。私はそれでいいと思っている。

しかし、「社会教育」「子供文化」の世界では反応は大きい。大きいどころではない、巨大である。たぶん、法則化運動と同じように、炸裂するように全国に広がるであろう。

〃チャレラン〃は「学級」「学校」で行われるが、それだけではない。子供が集うところなら、どこでも「チャレラン」の可能性はある。

チャレランが広がることを予測して九月の本合宿の時に、愛知の先生に「マニュアル作り」をお願いした。半年か一年の準備をしてということでお引き受けいただいたのだが、それでは、全く間に合わなくなった。

たとえば、次のような企画が持ち込まれ、すでに実行されているのである。

東京オリンピック村に、世界二二か国の青年が集まって交流会をしている。そこで、半日とって「世界チャレラン大会」をしてくれという申し込みがあった。主催は「青少年健全育成国民会議」である。しかも、七月実施である。

世界に通用するチャレランにするために、いそぎ「種目」の見直しをしなければならない。認定書、ハチマキ、バッジ、横断幕、用具、様々なものを作らなければならない。むろん、英文の種目説明書も必要である。

また、次のような企画が持ち込まれた。フジテレビから「世界超人子ども大会にチャレランオリンピックを出場させてほしい」という依頼。日本テレビからは「学校でのチャレランを取材させてほしい」という申し込み。「毎日グラフ」からは「チャレラン特集をさせてほしい」という取材。こういう動きが次々とある。

また、川崎市からは、道路フェアでチャレラン大会を八月にやってほしいという申し入れがあった。

東京電力とか建設省とか巨大組織のコーナーの一角に「チャレラン」説明書の作成も必要だし、様々な用具も必要となる。

また、京都新聞主催のびわ湖フェアでの「チャレラン」申し込みもあった。幼児向けのチャレランに、いそぎ着手することになった。

また、高島屋本店からは「チャレランコーナー」を常設したいという申し入れがあった。

高島屋にチャレランコーナーができれば、その発信作用は巨大である。

また、仙台市からも「チャレラン大会」の申し入れがあり、法則化の菅原氏に連絡をとっていただくことになった。

旺文社の「中○時代」、学研の「一年の学習」などでも、「チャレラン特集」の申し出がきていた。

チャレランは、どなたにも開かれているので、すべて、お願いすることにしている。

さらにまた、ある全国新聞の方からは、「秋に東京ドームでのチャレラン大会」の打診がきた。これもまた、今までの教育界の枠をこえた発想である。

ここまでなると、記録の管理が大変である。ところが世の中はうまくできたもので、日本IBMから「何かお手伝いしましょう」という申し入れがあった。記録管理について、至急着手しなければならない。

このような大きな動きの中で、「チャレランセット」「マニュアル作り」「認定書・バッジ」作成などいそいでいるところである。

一九八七年、誕生したばかりのチャレランは、すぐに各方面から注目されたのである。

6　チャレラン開催顚末《てんまつ》

(1) 職員室でのチャレラン批判と回答

ある法則化通信に、チャレランについて記事が載った。

法則化のメンバーが職員会議で提案をし、全生研の方が「批判・質問」の文章を寄こされ、それについて法則化メンバーが通信を書いたというものである。

まずは法則化通信をご紹介する。

> 法則化サークル通信A
>
> 児童集会でチャレランをやってみようと思った。そこで職員会で提案した。あまりにおおざっぱな提案であるが、いくつかの質問が出たあと、何とかよしということになった。
>
> 七夕集会について
>
> 1　ねらい

○集会活動を通して学校生活に活力を与え、T小の文化を創造する。
○児童の自主性を引き出し、主体的に活動させる。

2　日時・場所

七月七日(木)三・四校時

体育館

3　プログラム

(1)はじめのあいさつ

(2)七夕の飾りづくり……縦割り班二つに一本の竹に飾りを付ける(各班に折り紙二束とテープ三本、短冊人数分を与える)。

(3)全校歌「たなばた」

一～三年……歌　四年……鍵盤ハーモニカ　五・六年……笛

(4)T小ギネス・チャレンジランキング

①学級対抗空き缶積み競争(10分)

○ルール……250mlのジュース缶を何個積めるかを競う。手を放して5秒静止。

②紙飛行機滞空時間競争
○ルール……B5判の紙で作る。他のものは用いない。紙質は問わない。学級予選の後、決勝戦を行う。
③ジャンケン勝ち抜き戦（7分）
○ルール……連続して何回ジャンケンに勝てるかを競う。六か所で行い最高記録をとる（教師が確認する）。ジャンケンに負けたものは列の一番うしろに付く。
以上の記録はT小ギネスとして掲示する。その後も記録を更新したものを次々に掲示していく。
(5)記録発表
(6)先生のお話
(7)終わりのあいさつ

4　事前指導

●「たなばた」の歌は各学級で練習しておく。
●チャレンジランキングの方法も事前に知らせ、挑戦意欲を起こさせる。

●願いごとがすぐ書けるように指導しておく。

5　準備

●竹は、児童会の係で準備する。

●一人一本の空き缶を持って来る。

●進行などの役割は、代表委員会で決定する。

次の日、T先生からB5一枚の質問紙が届いた。T先生は、全生研（全国生活指導研究協議会）の会員（?・）で、支部の教研集会などでも何度か実践を発表されている。質問の内容は次の通りである。

七夕集会（チャレラン）に対する取り組みについて（一部略）

1　文化を高めるために……?

文化を高めるためにというが、どのような文化性をいうのか。空き缶を積むのは文化なのか、分析が曖昧。

② 集団で取り組む意義はどこにあるのか。

集団で取り組むからには、それだけの英知、団結、連携（協力）の感動など、個人で成しとげることのできないことをやったという感動を味わわせることをねらうべきである。今回のものは学級代表という形であるが、これでは個人の技能になってしまう。学級全体の力の結集とは言えない。

③ ②で示したことを学校全体で取り組むならば、教師の指導の仕方程度、領域を明示することが必要。担任個々人の判断にまかせるべきではない。

なぜならば集会に至るまでの取り組みを通して、児童に力量を付けることが我々の仕事であるから。その力量とは、

●原案を作り、討議し、みんなで決定していく力
●目的に沿って仕事を分担し、また総合していく力
●その際、リーダーとなる児童の指導力、他の児童の正しい指導には従い協力し、誤った指導については、批判、修正する力
●（特に本校では）改まった場において、自分の力を最大限に出し切ること
●活動を総括し、前進面と課題をとらえること

と、捉えている（私は）。

4 以上のことを含めて細案を示してほしいのですが……。そうすれば取り組みの糸口が見えると思うのですが。T小の児童の実態に即して、課題を克服できるような内容の集会を創りたいものですね！

5 蛇足

学年差のあるものを競わせる意義は？　なぜチャレランなのか？

チャレラン批判に対する返信

1 文化を高めるために……？

〔文化〕①世の中が開けて生活水準が高まっている状態。文明開化。②人類の理想を実現して行く、精神の活動。技術を通して自然を人間の生活目的に役立てて行く過程で形作られた、生活様式およびそれに関する表現。

（岩波国語辞典）

空き缶を積む、飛行機を飛ばす、ジャンケンをする。これらは一つ一つの行為であり文化ではない。それらの行為を繰り返す中で行われる工夫や教え合い、学び合い、競争などが文化である(②の立場)。

グラウンドを走る、花に水をかけるなども行為としては存在するが、それだけで文化とは言えない(文化遺産かもしれないが?)。

私個人の考えとしては「遊び」を通して、能動的な人間関係を築くというねらいがある。物を通して(シールとかファミコンとか)の人間関係から知恵や技術を通しての人間関係への質的転換をはかりたいのである。

以上のようなことを「文化を高める」と表現したが、空き缶を積むことがそれにふさわしい遊びとなるかという指摘もなされよう。

それは実際子供たちの活動を見て語るべきだと思う。

② 集団で取り組む意義はどこにあるのか。

〔集会〕 多くの人が共同の目的で一時的に一定の場所に集まること。また、その集まり。

(岩波国語辞典)

右記の規定は、ほぼ満たしていると思う。

私は常々、子供に活動させたいと思う時は、場所と時間と必要なものを与えればよいと考えている。この原則にあてはめれば、自然発生的にも活動は始まる(これが本来の子供の遊びである)。

ただし、その場合、教育的かどうかという尺度でものを見ることも必要であると思う(誤解のないようにお断りしておくが、必ず教育的な意義、ねらいが必要だとは思わない。休み時間の子供の遊びの中にねらいはいらない。様々な効果は期待できる。成長を見ることもできる)。

チャレランにおいては、ある程度教育的配慮(1に示した通り)はしているつもりである。足りないと言われればそれまでだが、活動時間が集会当日の二時間だけという現状で、ある程度形のあるものを残そうとすれば、当然日常の教育活動に無理が生まれる。

児童集会が、常になんらかの練習を積み上げたすばらしい発表の場でなければならないのだろうか。また、必ず個人で成しとげることのできないことをやったという感動を味わせなければならないものであろうか。学級の構成要素は、あくまでも個人である。

といって、集団で一つのことに取り組んだり、感動をもたらす教育的演出を否定するものではない。否定するどころか、その必要性を私自身十分認識しているつもりである。

ただ、今の子供の力と、本年度の本校の教育課程から考え、そういう集会をしくむのはちょっと無理があるように思えた。また、指摘の中に学級代表という言葉があったが、学級代表という形はとらない。飛行機の種目の決勝戦ではそういう形になるかもしれないが、それは初めから選んでおく代表というものではない。

確かに、これは個人技能の競争で学級全体の力の結集とは言えないであろう。しかし、みんなが一つの記録に挑戦するというだけで価値あるものだと思うのだが……。競わせた結果として捉えず、その過程を楽しませたいのである。

これは、学力やリーダー性にかかわる表文化に対しての裏の文化である。だれでも記録を作れる可能性を持っている(学力ほど固定化しない)という点で特色がある。この他にも、なわとびなどの種目はあるが、発達段階からみて、この種目が一番差がつかないと考えた(学校差はある)。

3 学校での取り組み

「集会に至るまでの取り組みを通して、児童に力量を付けることが我々の仕事である」とあったが、私は「児童に力量を付けることも我々の仕事である」と思う。

集会は、必ずそこに至るまでの過程で力量を付けなければならないのだろうか。今回のように、児童の遊びの中に何らかの目的意識を与え、楽しく遊ばせ、活性化をはかるという集会(の方法)は存在しないのだろうか。

児童に付ける力量の五項目は理解できる。そのため、児童会総会に原案を位置付けた。そういう流れの取り組みもぜひやりたいと思う。が、時間的裏付けがないものが多い。

4 細案の提示について

「細案を示してほしい」と言われても、どの部分のどういう点をどう示せばよいのか分からない。「以上のことを含めて」と言われても、私は先生の指摘に合う活動を組んでいないので、それを含めることもできない。

「T小の児童の実態に即して、課題を克服できるような内容の集会を創りたい」という願いは私も同じである。ただ、児童の実態の捉え方、課題の与え方についての考えも様々で、十分話し合われていない。

私の独断になってしまった点も多々あると思う。もし、もっとこうすれば、という意見があれば代案を示していただきたいと思う。

以上のような内容で、そのまま私はT先生にお渡しした。

私は嬉しかった。ただ消化されていくだけの行事が多い中で、提案に対して深く考えてくださった先生がいたことがである。その質問の内容は批判的なものが主だったが、その指摘によって私の構想も深まった。

私は休み時間や給食の時間を利用して以上のような返信を書いたのである。このように、一生懸命考えてくださる先生にはすぐ返信するのが礼儀だと思ったからである(筆無精の私が偉そうなことを言ってしまった)。

今読み返してみるとちょっと論理性に欠けるところもあるが、一時間程度で書いたと思えばなかなかである(自画自賛)。

口頭ですむことだが、こういう論争(?)は記録に残すことで意味のあるものとなる。すぐ消えてしまう言葉とちがってごまかしがきかない。

T先生は原稿をそのまま私によこしたのではなく、しっかりコピーした方をくださった。つまり、自分の意見を手元に残したわけである。

今回の返信に対する返信はこなかったが、いつかまた話し合う機会があると思う。その時、話はこの上に積み重ねられていくわけである。

こういうことがくり返されていけば、かなりの財産になる。上達論があるからだ。

私の学校では、この方法で校内研もやっている。授業の後には必ず何枚かの質問紙(批判的なものが多い)と授業記録(抽出児の児童)が届くしかけとなっている。

かなりシビアであるが、事実は事実として残さなければならない。

> **教師の力量を高める方法1**
> 書いて事実を残す。お互いに批判し合う(受け入れるところは受け入れる)。

(2) 具体的事実で共通理解を

私はすばらしい出来事であると思う。

それは、「法則化」と「全生研」という異なる教育研究団体に属する教師が、自校の「実践」について意見を交換できるということである。

私自身、今まで雑誌でいくつも論争を経験してきたが、その論争で意味があったのは少なく、多くは非建設的であった。

空中戦のごときものが多かった。

しかし、「学校現場」には「子供」が存在している。

立場・意見の異なる教師が存在している。

立場・意見の異なる教師が存在し、しかも「一つの方針」を選択しなくてはならない。教師の世界に「意思統一」などはない。「意思を統一」できるのは、宗教の世界や政治の世界の話である。

教師の世界にあるのは「共通理解」である。異なる立場の人が「一つの方針」に対して「このように理解する」ことが求められる。

「共通理解」という言葉は、立場のちがい、意見のちがいを前提にしている。そして、それにとどまらない。子供たちに対して「一つの方針」を選択せざるをえず、そのために「共通に」「理解する」ことが求められる。

だから、立場の異なる教師の意見の交換は積極的に行わなければならない。

立場の異なる教師の意見の交換によって、ある時は独善に気付かされ、ある時はその正しさを再認識し、またある時は新しい方向が作られる。このような検討が不断にされるべきであり、それこそが「学校現場」の強味なのだ。

私が多くの実践を発表した「大四小」「調布大塚小」時代も、実に多くの教師が存在した。

大四小時代、全生研を実践する担任は二割を超えていた。しかし、そのことによって、具体的問題で論議が続けられ、「大四小の児活」は生命力のあるものになっていた。「大四小の児活」は「全生研の方法」を拒否しているのだが、それを作る過程で、全生研の教師もやはり一つの役割を担っていたのである。

異なる立場の方々がいることを前提として、教育は創られていくのである。

全生研の方からの便りに、賛成反対があるのは小さいことなのだ。意見がちがって当然である。そのちがいが率直に表明され、意見が交換されることは、必要なことであり、すばらしいことである。全生研の方の便りを読んで私の第一感想は「夢の描き方のちがい」ということであった。

イベントは「夢を描く」ことを出発点とする。

「夢の描き方」が異なる人、あまり上手に描けない人には、つまらなく思える。

そんな場合は、実践してみることが何よりだ。実践の世界は常に理念の世界よりも豊かであり、様々のことを教えてくれる。

7　イベント花ゲリラ

（1）ハナダイコン

一九八八年に、大田区立雪谷小学校に転任した。

自宅から歩いて五分、旗の台駅から池上線に乗る。

三つ目の駅が石川台駅で、下車して学校までは八分の距離である。

線路はなだらかな丘を切り通して作られている。したがって線路の両側は斜面の崖になっている。

春、四月、切り通しの斜面は、一面の花畑になる。

初めて見た人はびっくりするくらい、びっしりとした花畑である。紫の花が一面に咲き乱れ、そしていつのまにか黄色の菜の花にかわる。

いつの間にこんな花畑になったのか定かではない。一〇年くらい前に、ポツポツと花が見られるようになった。線路沿いに運ばれてきた花の種が、いつの間にか根をはやし、そして増えていったのだろうと私は思っていた。

それはそれは見事な花畑で、春になると人の目をなごませ、話題になったが、この花畑に、実はかくされたドラマがあることなど、誰一人として知らなかった。

昭和五九年六月一四日の「朝日新聞」、天声人語欄は「ハナダイコンの花」について報じていた。

戦時中に南京に衛生材料廠長として駐留していた日本人男性が、紫金山の麓に咲く花の美しさに打たれ、戦後になってその種を送ってもらい、育てては、種を知人などに分けてきたという。中国の民衆を悼み、戦死した日本兵への鎮魂などの思いがこの花を咲かせることに彼を執着させたのであろう。すでに病に伏せていた彼の、より多くの方に種をまいてほしいという意思をお子さんが新聞に投書したところ、このことが報じられて、一万人もの希望者に種を送り続けることになる。この男性は、投書掲載の二日後になくなるが、この思いは「平和の花だいこんを広める会」発足につながり、筑波の科学万博を訪れる外国人に「平和の花」の種として手渡す運動となった。

この「平和の花」については、「読売新聞」(昭和五九年七月三日)でも紹介されている。

戦争中に、平和への願いをこめて中国から持ち帰られた「ハナダイコンの花」は、多くの人々の手によって広げられていった。

「広げる方法」は、様々あった。種を作り、種を分け、庭に増やしていったのがオーソドックスな方法である。

だが、オーソドックスな方法だけでもなかったらしい。確かなことではないが「花ゲリラ」と呼ばれる人もいたらしい。

「花ゲリラ」は、数本の花の苗を(根にしっかりと土を付け)、電車の窓などから投げつけける。投げつけられた場所で花は根を付け、そこに広がっていくのだという。

「大根の花ゲリラ」の他に「菜の花ゲリラ」など、花ごとにゲリラがあるという噂《うわさ》を聞いた。

「大根の花」を広めようとする人がいて、「大根の花ゲリラ」がいて、切り通しの斜面という絶好の場所があって、池上線石川台駅付近は一面の花畑になったのである。

そこに花を運んだのは誰か、誰も知らない。「大根の花」のことも、ほとんどの人は知らない。

しかし、花は増え続け、人々の目を楽しませてくれたのである。

平和運動の中では、最も地味な最も目立たない小さな運動である。

しかし、だからこそ、この運動は長く生き続け人の心を捉えていった。

中国から大根の花を持ち帰った兵士のご子息は当時、昭和大学病院の助教授をされていた。以前私が入院していた病院の先生である。

（2）ハナダイコンの授業化

ハナダイコンを授業で何とか取り上げたいものだと思った。

『教室ツーウェイ』で、副編集長の石黒氏に資料提供を呼びかけてもらった。しかしこれでは、まだ「素材」である。授業にまで、組み立てなければならない。

授業にするには、もう少し資料が必要である。

「ハナダイコン」を、「花博・いのちの塔」でも取り上げたいと思った。

こちらは、巨大イベントである。組み立て方が、少しちがってくる。何よりも「ハナダイコンの種」がなくてはならない。また「ハナダイコン」だけを扱うというわけにもいかない。他の花の種もほしい。

ということで、日本を代表する種苗店にご協力をいただくことになった。数十万袋なら、できるという。

こういう時、「自分の企業にとってメリットがある」時だけにのってくれるところと、「趣旨に賛同できて内容がよければ」ば、協力いただけるところがある。

むろん、後者は圧倒的に少ない。少ないけれど、世の中はうまくしたもので、「社会に必要とされる」ことには、協力者が出てくれるものなのである。

ただ、その時、こちらに私利私欲があってはだめである。そんなものがぶら下がっていては、協力してくれる人は出ない。

壁は厚いのだが、手弁当でボランティアで、何とかしたいと思ってぶつかっていくと、何とかなるものなのである。

「志を授業にする」「志を企画にする」ことも、生きた教育をする上で、大切なことなのである。

私は、自分が勤務する学校のすぐそば、石川台駅に咲き乱れる花を、何とか教材にしたいと思っている。そして、子供たちが、その花を見るたびに、「花にこめられた願い」を感じられるようになってほしいものだと思う。

授業するのは、花が咲き出す三月、子供たちがクラス替えになる前である。

8　イベント実行委員会活動

五年生担任の時、私は校庭でのキャンプファイヤーを企画した。

各クラスから実行委員が出て、企画がたてられた。

子供なりに、一つの大きなイベントである。

子供たちの実行委員会からは、次々にプリントが発行された。

次のようなものである。

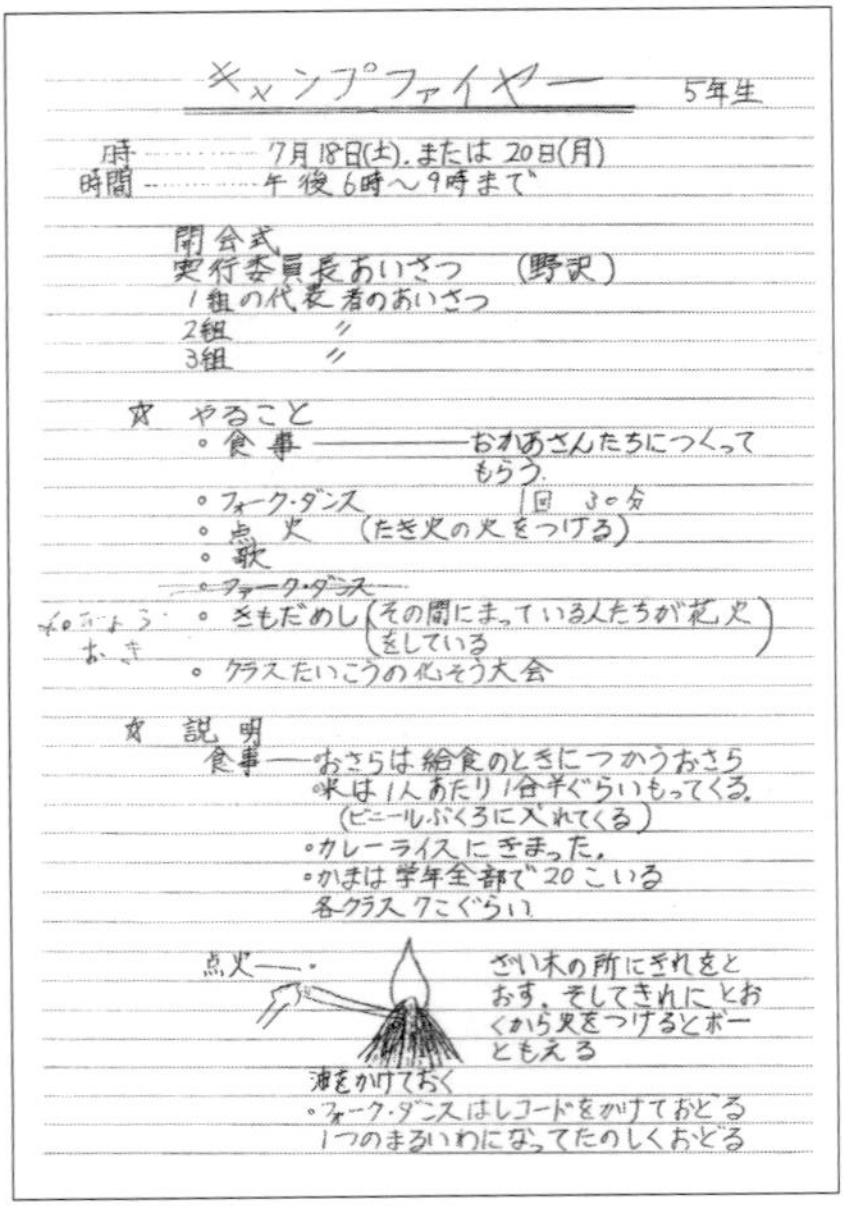

キャンプファイヤー　5年生

時……………7月18日(土)．または20日(月)
時間…………午後6時～9時まで

閉会式
実行委員長あいさつ　(野沢)
1組の代表者のあいさつ
2組　〃
3組　〃

☆ やること
。食事――――おかあさんたちにつくってもらう．
。フォーク・ダンス　1回 30分
。点火　(たき火の火をつける)
。歌
。~~フォーク・ダンス~~
。きもだめし (その間にまっている人たちが花火をしている)
。クラスたいこうの仮そう大会

☆ 説明
食事――おさらは給食のときにつかうおさら
。米は1人あたり1合半ぐらいもってくる．
(ビニールぶくろに入れてくる)
。カレーライスにきまった．
。かまは学年全部で20こいる
各クラス7こぐらい

点火――。ざい木の所にきれをとおす．そしてきれにとおくから火をつけるとボーともえる
油をかけておく
。フォーク・ダンスはレコードをかけておどる
1つのまるいわになってたのしくおどる

資料1-1　実行委員会に提案された原案の例

資料1-2

。歌――まるいわになってまん中にオルガンをおいてうたう。
プリントにうたうったをいんさつをしておくのでそれを見てうたう。

きもだめし――(その闇にまっている人たちが花火をしている)
というのは、学校のろうかを1分ごとに2人ずつまわっていくのでその闇にまっている人がたいくつなのでその闇に、花火をやる。

クラスたいこうの仮そう大会――クラスごとにどうゆうことをやるのかを、話し合ってもよい。
クラスごとに仮そう大会をやる。

☆ かかり

ほうそう (きもだめしなんかのときにこわい音なんかをながすとかフォーク・ダンスなんかのときにレコードをながしたりする。)

食事 (米をあつめたりおかあさんたちのおてつだいをする)

歌のことでプリントをする (みんなでうたう歌をプリントをする)

火をつける (たき火の火をつける)

花火をかう人 (みんなでやる花火をかってくる人)

プログラム (プログラムを作る人)

資料1-3

かかりの人数

ほうそうに入いる人数――全部で6人
1組――1人
2組――1人
3組――2人
さかわ・さとう → 6人

プリントをするのに必要な人数――全部で6人
うたのじゅんび
1組――2人
2組――0人
3組――1人
田中・おく島・赤松 → 6人＋3人 (うたのじゅんび)

食事の用意をてつだう人数――全部で12人
1組――3人
2組――4人
3組――3人
山本・江口 → 12人

プログラムを書く人――野沢・むとう・小林

☆ 予算 全部まとめて100円ずつもってくる。

☆ みんなの集合時間
ふつうの人――午後5時(5時から6時まではなにをしてもいい)
かかりの人――午後4時
実行委員の人――午後3時

☆ わからないことがあったら実行委員にきいて下さい。
せきにん者・野沢，ふくせきにん者・佐藤
登山君さかわ・田中・おく島・赤松・山本・江口・む藤・小林・宮崎さん

以上

資料2　実行委員会で決められたプラン

キャンプファイヤーの計画　実行委員会

1. 日時　7月29日　午後5時30分～午後8時30分

2 場所　大森第四小学校　校庭　校舎

3 計画
5:30～5:35　開会式（実行委員長と各クラス代表　依田、文、斉田）
5:35～6:20　食事（カレー・ライス）
6:20～6:45　フォーク・ダンス
6:45～6:50　点火
6:50～7:05　歌（フォーク ダンス）
7:05～7:50　きもだめし（花火）
7:50～8:15　化そう大会（クラス対抗）校舎の中を通る
8:15～8:20　閉会式
8:20～8:30　あとかたづけ　＝お母さんに来てもらっていっしょに帰る＝

4 集合時間
実行委員　3:00
係り　4:00
みんな　5:00

5 学校で仕事をしていい日

7月27日　28日　29日　(9:00～3:30)（係りごとにきめる。いつやるかは。）
↑手伝ってもよい

6 7月18日までに持ってくるもの。
①お米（一合半）ビニール袋に入れて、　②お金　100円

7 7月29日当日に持ってくるもの。
①皿　②スプーン　③ビニール袋　④プラスチックのコップ
⑤はんかち　⑥ちりがみ　⑦新聞紙1枚　⑧化そう大会の用意

8 かかり（○印実行委員で係長をかねる。）　わからないことは実行委員へ
実行委員長　野沢美佐子　　副委員長　佐藤孝志
放送　○佐藤(ま)　酒匂　志村　島田　青野　大島　　こわい音楽も用意する。
食事　○山本　○江口　伊藤　福本　市川　潤川　長崎　植田　平山　戸田
プログラム　○野沢　○武藤　○小林(則子)
歌プリント　○田中　○栗島　○赤松　笠原　西谷　佐藤(さ)　　歌のプリントも用意する。
花火　○坂本　西川　中島　　花火を買っておく
点火　○宮崎　○巻山　棚橋

※ 1. その他　オルガン(1人)　化そう大会　きもだめし係り(5人)　などの係りをクラスで決める。
2. 係りは、係りごとに集って、やる事を決め　準備をすすめる。

キャンプファイヤーへのおさそい

わたしたちは、七月二十九日(水)に校庭でキャンプファイヤーを、おこないます。
午後の五時半から八時半まで、おこなう予定ですが終わりは、たぶん
午後九時ごろになると思います　わたしたちは、キャンプファイヤーを
楽しくやるように、いっしょうけんめい計画をたてています
きもだめしがあります。花火や歌やフォーク・ダンスもあります。
化そう大会もあります。カレーライスも食べます。
ごつごうが　わるいようでしたら、七時ごろからでもいいですから
おかあさん方、見に来て下さい。帰りは午後九時ごろに、なると思いますので、
お子様といっしょにお帰り下さい。

お願いします。

五年生のおかあ様方へ

キャンプファイヤー実行委員会

○実行委員長　五年三組　野沢美佐子

○実行委員　一同

○大四小・五年生　一同

資料3-1　母親への案内状

☆計画表

○五時三十分〜五時三十五分　開会式
(実行委員長と各クラス代表、依田、木　原田)

○五時三十五分〜六時二十分　食事(カレーライス)

○六時二十分〜六時四十五分　フォーク・ダンス

○六時四十五分〜六時五十分　点火

○六時五十分〜七時五分　歌(フォーク　ダンス)

○七時五分〜七時五十分　きもだめし(花火)

○七時五十分〜八時十五分　化そう大会(クラス対抗)

○八時十五分〜八時二十分　閉会式

○八時二十分〜八時三十分　あとかたづけ。

楽しくやろう

資料3-2

資料４　母親へのお願い状

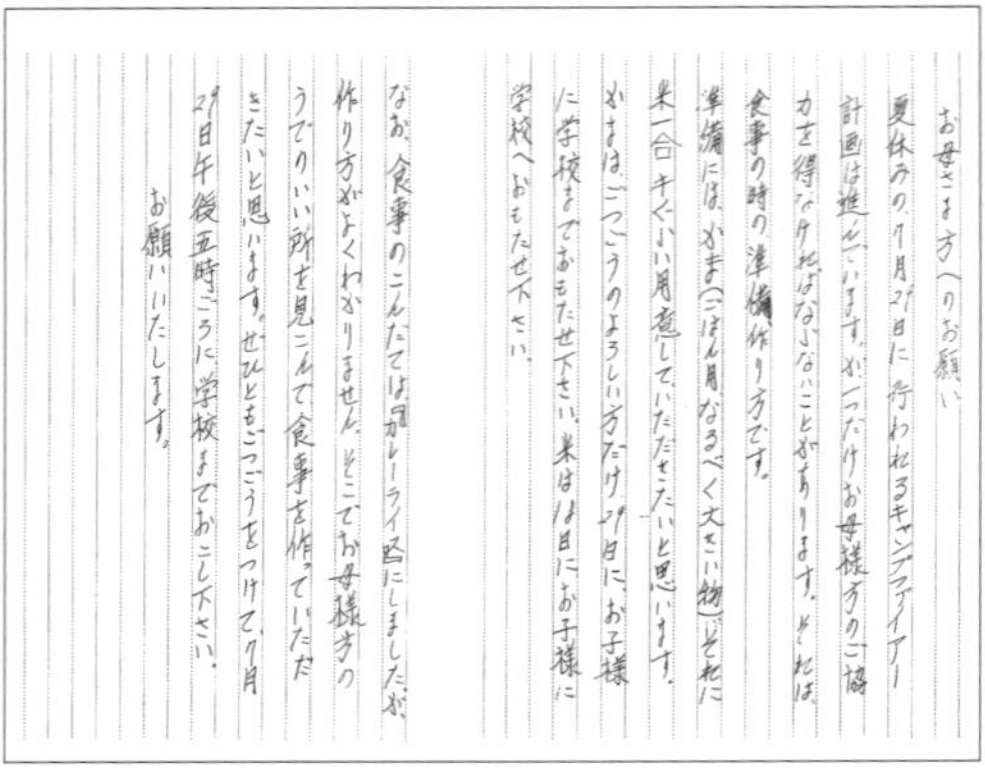
お母さま方へのお願い
夏休みの7月27日に行われるキャンプファイアー
計画は進んでいます。が、一つだけお母様方のご協
力を得なければならないことがあります。それは、
食事の時の準備作り方です。
準備には、かま（ごはん用なるべく大きい物）それに
米一合半ぐらい用意していただきたいと思います。
かまは、ごつごうのよろしい方だけ27日に、お子様
に学校までおもたせ下さい。米は18日にお子様に
学校へおもたせ下さい。
なお、食事のこんだてはカレーライスにしましたが、
作り方がよくわかりません。そこでお母様方の
うでのいい所を見こんで食事を作っていただ
きたいと思います。ぜひともごつごうをつけて7月
27日午後五時ごろに学校までおこし下さい。
お願いいたします。

以上が、五年キャンプファイヤーのあらましである。

そのほとんどを子供たちの実行委員会が作ったものである。

ポイントはただ一つである。

それは、教師である私が、「学校でキャンプファイヤーをやって何か食べたい」という夢を描き、それを同学年の先生方が賛成されたことである。

むろん、学校で火を燃やし、ものを食べるのだから困難はある。批難はある。いや、そんなことより、こういうことを思いつかない。

それを「夢を描き」「困難を覚悟で実施する覚悟を固め」「同学年の先生方の了解を得た」ということが、ポイントなのである。

教師の「夢」と「決意」なしには、子供の文化イベントは大きくなりようがないのである。

第3章

学級づくりの諸問題

1　規則

規則というかルールというか、そういうものが学校にある。中学では「校則」という用語が使われている。この校則というものが、なかなかやっかいである。

世の多くの人々は、「中学校の校則」はあまりにも細かすぎる、と思っているらしい。一方、中学校の教師の多くは、「現状ではしかたがない」と思っているようだ。校内暴力が荒れ狂った状態を克服した過程で、「校則」がそれなりに役に立ったからである。「校則には批判される面があるが、校内暴力の状態よりはましである」と判断されているのだと思う。

いかなるところであれ、人間が集うところには「ルール」が必要となる。それは「相手」のことを守り「自分」のことを守るためである。各人が好き勝手なことをしていては、結局のところ「マイナス」が多いからである。

「ルールは単純なほどよい」と私は思っている。たとえば、「雨の日の遊び」について、ルールを作る場合を考えてみよう。これは、様々な方法で作ることが可能である。

一、教師が作る。

二、児童会が作る。
三、一部分を教師が作り、他の部分を児童会が作る。

内容も様々に分かれる。

「雨の日にやっていい遊び」ということで決めることもあれば、「雨の日にやってはいけない遊び」ということで決めることもある。「コマは危険であるからだめ」とか「本を読むのは望ましい」とかいうように決められ、「子ども手帳」などに印刷されるわけである。

若い時の私は、雨の日の遊びは、できる限り制限しないようにしてきた。制限をしないと、当然のことながら「様々な遊び」が持ち込まれるようになる。種々雑多な遊びが教室でされるようになる。子供は、雨の日を喜ぶようにさえなる。

そうなると、当然のことながら、「好ましくない」遊びも始められる。たとえば「メンコ」である。教室でやっているうちはまだしも、時には廊下にはみ出すようになる。廊下を通る他のクラス、他の学年の子供がそれを見るようになる。

そうなると、当然、何がしかの苦情が私のもとに届けられるようになる。廊下を通りながら、私のクラスの様子を見た子供が、担任に訴えるからである。

ある時は「僕たちもやりたい」、またある時は、「向山先生のクラスの子がメンコをやってましたよ」というように。

さて、ここからが問題なのである。そのような苦情が持ち込まれた時、少しもさわがず興奮せず、私は次のように聞いたものである。

学校のルールはどうなっているのでしょうか。

これが、実はかんたんにいかないのだ。

「たしか、廊下で遊んではいけないことになっていた」と言う人や「メンコは前に禁止されたんじゃないんですか」というように、実にあやふやなのである。

学校としてのルールが『教育計画』などの中に文書で示されていれば混乱は避けられるのだろうが、当時はそんな学校はほとんどなかった。出てくることといえば、「確かこうだった」ということと「何年か前に決めた」という類のことばかりである。

私は、ていねいに次のように返事をする。

「どうか、ルールがどうなっているのか、はっきりとお教えください。もちろん、私はそれに従います」

私の場合は、結局、うやむやに終わってしまった。

しかし、私は、何かの機会に自分のことから職員会議に提案するようにした。雨の日の遊びのルールが、全校として決められていないのでは、何かにつけてやりにくい。

さて、読者の皆さんの学校では、どのようなルールになっているのだろうか。あやふやでも、けっこうである。ちょっと思い出していただきたい。

そして、向山は、こんな時に、どのようなルールを提案したのか想像していただきたい。

結論から言えば、私の出したルールは、一部の先生にはびっくりするものであったらしいが、しかし、多くの方に受け入れられ、学校の『教育計画』などの中に文章で明示されるようになった。私の職員会議への提案は次の内容であった。

雨の日などの教室内での遊びのルールは、学級ごとに決める(学級ごとにルールのちがいがあってよい)。

わずか一条である。

「学級ごとに決める」ということさえ決めておけば、他はいらないのである。これ以上のことは、余計なことなのだ。担任がいる以上、「安全」のことなどに配慮するのは当然である。それさえ疑うなら、そもそも「教育」は成り立たなくなる。

一年生のクラス、五年生のクラス、それぞれに事情がちがう。クラスごとに話し合って決めればいい。それこそが教育なのである。仮に、あるクラスではメンコはよいということになり、あるクラスではメンコはいけないということになったとする。けっこうなことである。これこそ、それぞれの教室の個性なのである。ルールは成長する。次の時は「メンコはだめだ」ということになるかもしれない。あるいは「よい」ということになるかもしれない。「ルール」の変更も、また大切な教育の場である。

私は大森第四小学校、調布大塚小学校と児童活動主任を担当した。その時に「雨の日の遊びのルール」の提案を職員会議で行って、両校とも『教育計画』の中に「雨の日の遊びは、学級内で決める」という文面が入ることになった。

さて、「学級内で決めていい」ということになったのであるから、学級内で決めなくてはならない。それなりに、論議もするし、様々な形になる。

これが教育なのだと私は思う。

2　外国の「校則」

近くの中学校の先生から、アメリカ、当時のソビエトの「校則」を示された。岐阜県教育委員会発行の冊子に掲載されたらしい。この内容を読んで、私は、しばし考え込んでしまった。

アメリカの生徒守則（コロンビア区教育長諮問委員会）

A　道徳規律

(1) 自己はもちろん、教師学友に対して常に敬意を示せ。
(2) 学校財産および各生徒の所有物を尊重せよ。
(3) 校長、教師および級友と常に協力せよ。
(4) 自分や学校にたいしてはずかしくない行動をせよ。
(5) 宿題やその他の割当てられた仕事はすみやかに自分の手で完成せよ。
(6) 教室、会議室、階段、休息室、食堂、講堂やその他の部屋を清潔にしておくよう自分の役割を果たすことによって学校に対する誇りを示せ。

(7) 道徳的に許されるか否か、また立派な上品なものと、好ましくない、下品なものとの区別を明らかにせよ。

(8) 嘘《うそ》を言ってはならない。他人の物を盗ってはならない。講堂や教室でものを食べるな。学校の内外でガムを噛《か》んだり煙草《たばこ》を吸ってはならない。

(9) コロンビア区公立学校道徳規律および服装規定に示されたこの規則を、個人の服装、態度について、遵守せよ。

B 服装規定

(1) 衣服はきちんと清潔にし、学校にふさわしいものでなければならない。

(2) 身体は健康で清潔にしておかなければならない。

(3) 頭髪は櫛《くし》を入れ、きちんとした髪形、整髪をする。

(4) シャツ、ブラウスはきちんとボタンをかけ、特別に外出用に作られたものでなければ、スカートやズボンの中に入れておかなければならない。

(5) 外出用のジャケツは教室内で着てはいけない。学校のもの以外の各種のバッジは校庭内でつけてはいけない。

(6) セーターは男子の場合はシャツの上に着なければならない。

また、女子の場合は適当にゆとりのあるものでなければならない。

(7) 無地のTシャツは、普段アンダーシャツとして着るものであって、上着として着てはいけない。

(8) 男子は腰にバンドのあるズボン（スラックスなど）を着用しなければならない。Gパンは着てはいけない。

(9) バンドはバンドとめのあるズボンにつけなければならない。

(10) 女子のスカート、服、ブラウスは、短すぎたり、きっちりすぎたり、うすすぎたり、胸があきすぎたり、パーティー調になりすぎたりしてはいけない。

(11) 音がしたり、ぶらぶらしたり、多すぎたりする宝石類は身につけてはいけない。

(12) 女子は、カーラーやクリップをつけてはならない。校内ではスカーフをかぶってはいけない。

(13) 変わった髪型やこりすぎたものはいけない。

(14) 長靴をはいたり、並はずれて重い鋲《びょう》をつけてはいけない。体育につかう運動靴やソックスは、普通の授業にはいてはいけない。

(15) ソックス、ストッキングは常に着用しなければいけない。

(16) サンダルやヒモ靴は、ソックス、ストッキングなしではいてはいけない。
(17) 女子のスラックス、ズボン、ショート、キュロットは体育時以外は、学校や、学校行事の際には着用してはいけない。
(18) 極端なスタイルの服装はしないようすすめなければならない。

ソビエト連邦の生徒守則(連邦教育省)

すべての生徒は次の如き義務がある。

(1) 教養ある文化的市民となり、かつソビエトの祖国にできるかぎりの利益をもたらすために忍耐強く、根気強く知識を身につけること。
(2) 熱心に学び、きちんと授業に出て、学校の授業開始に遅れないこと。
(3) 学校長と教師の命令に絶対従うこと。
(4) 必要な教科書と筆記用具を持って登校すること。教師が来るまでに授業に必要なものを準備すること。
(5) 学校の中では綺麗《きれい》に髪を解かし、さっぱりした身なりをすること。
(6) 教室の自分の席を綺麗にきちんとしておくこと。

(7) 鐘がなったら教室に入り、自分の席につくこと。
(8) 授業中にひじをついたり、ねそべったりしないできちんと座ること。教師の説明と生徒の答えを注意して聴くこと。話をしたり、関係のない問題に注意を向けないこと。
(9) 教師や学校長が教室に入る時、および教室から出る時には起立して送迎する。
(10) 教師に対して答える際には起立し、身体をまっすぐにして教師の許可があってはじめて着席する。答えたり、教師に質問したりする時には手をあげる。
(11) 次の授業のために教師に課せられたことを日記あるいは特別な帳面に記入し、かっこの書き込みを父兄に見せること。宿題は全部自分でやること。
(12) 学校長と教師には敬意をはらうこと。道で教師や学校長に出会った際には礼儀正しいおじぎによる挨拶をすること。この際男の子は帽子をとること。
(13) 年上の者には尊敬をはらうこと。学校内、路上および公共の場所では節制をもって、しかも礼儀にかなうようにふるまうこと。
(14) 悪罵の言葉や粗野な表現を使わないこと。喫煙しないこと。カルタで金や物をかけないこと。

⒂ 学校の財産を守ること。自分の品、同志の品を注意深く取り扱うこと。
⒃ 老人、幼児、弱い者、病人に対して親切、丁寧であり、彼等に道や席をゆずり、あらゆる援助をすること。
⒄ 親の言うことを聞き、彼等の手助けをし、弟や妹の面倒を見ること。
⒅ 部屋を清潔にし、衣服や履物、寝具をきちんと保存すること。
⒆ 生徒証を所持し、注意深く保存し、他人に渡さず教師や学校長の要請に応じて提示すること。
⒇ 自分の学校およびクラスの名誉を自分自身のものとして重んずること。規則を破った生徒は退学に及ぶ罰を負う。

3　児童の権利に関する条約（通称「子どもの権利条約」）

『教室ツーウェイ』一九九〇年二月号で、波多野里望氏が実に重要な主張をされている。「児童の権利に関する条約」について「学校がペレストロイカを迫られる」と述べられている。実は、私も「児童の権利に関する条約」について述べようとしていたのだが、先をこされてしまった。波多野氏は法学者であるし、国連の人権委員でもあるので、その道のプロなのだからしかたがない。

『教育医事新聞』はニューヨークで開かれた国連総会で「子どもの権利条約」が全会一致で採択されたことを伝えている。この条約は、子どもの権利条約を国際的に保障しようというもので、国連人権委員会が、国際児童年を機に一〇年がかりで、草案作りを進めてきた。条約には、世界的な規模で救済が求められている様々な国や地域の子どもたちの願いが込められており、体罰、校則、いじめ、登校拒否など、子供の人権が軽視されているわが国でも早期の批准が望まれる。

国際法上、条約はハードローといわれているため、批准国政府に規定を遵守する義務が生じる。

前文と五四カ条からなる条約は、すべての子供に対して、あらゆる生活の場面において、生存と発育、保護、参加の権利を保障している。第三条では、「児童に関するすべての活動において（略）児童の利益が主として考慮される」とし、これを条約の理念としている。

条約の大きな特色は、「権利を自ら行使する主体」と定めた点で、「児童の権利宣言」にはなかった子供の意見表明権（一二条）や、表現・情報の自由（一三条）といった市民的な人権条項を加えている。自らが考え、意見を述べ、行動する権利が、児童の人間的開放と社会的自立を図るためには重要である。

国内では、今の校則は必要以上に子供の表現の自由や行動を抑え付けているが、条約に沿ってみると、校則規定の際には、生徒の参加が当然考慮されなければならなくなる。

これら以外に、「学校の規律が児童の人間の尊厳に適合する方法で及びこの条約に従って運用されることを確保するための全ての適当な措置をとる」などを定めた教育への権利（二八条）を初め、児童が遭遇する可能性のある様々な人権の迫害への保護を定めている。

日本では一九九四年に効力が発生した。二〇一五年時点では、世界の一九五の国と地域がこの条約を締約している。

体罰・校則などの日本の現状に広く行き渡っている実態が鋭く問われることになる。

教師は、当然ながら「児童の権利」に敏感であるべきだ。

「児童の権利に関する条約」に含まれていることは、いうなれば、世界各国どこでも通用するべき「子供の権利」なのだから、「私はそのくらいのことはやっています」ということであってほしい。

そしてもっと大切なのは「学力の保障」というテーマである。

「授業のへた」な教師は、クラス中に「差別」を再生産してしまう。

「児童の権利」を考える時、「上手な授業」をすることは教師の責務である。

4　中学への親子の不満

以前、卒業生の親たちとの新年会があった。参加した人は二〇人ほどである。どの子も、それぞれに立派になっていた。しかし、中学でのことを語らせると、親の不満はすさまじいものだった。

子供たちが第一に感じた不満は「授業」についてである。「授業がへただ」「授業が面白くない」というのである。「面白い」とはむろん「漫談」ということではない。頭を働かせてくれるということである。「授業がムコセン（向山のあだな）と全くちがう。まるで面白くない」というショックを受けたとのことである。

授業がつまらないということが、子供たちにとって大ショックであったのだ。どうしてつまらないのか。いくつかの傾向が見られる。

第一は、やたら細かいことを教え込むだけの授業であったということである。むろん、中学教師に言わせれば大切なことなのだろう。しかし、「プロの教師」ではないか。子供たちが関心を持つような工夫があって然るべきである。知的好奇心を持たせる組み立てができて当たり前である。

第二は、多面的な意見を取り入れないということである。ある男の子が「文芸評論家」の批判を書いた作文を提出した。分析批評できたえられた子供の作文である。子供も自信を持っていた。

評価されて然るべきだと思う。いや評価できないのなら「批評」してやればいいと思う。しかし、教師は「無視」する態度をとった。他の子のありふれた作文を取り上げ、その子の作文を取り上げなかったのだ。そして同じようなことがもう一度あった。

一度目の時、子供はショックを受け、二度目の時、子供は教師を軽蔑した。

「意見のちがうものを取り上げられないで、それが教師か」というわけである。

授業がへただから、子供はさわぐようになる。これはしかたのないことだ。

私が担任していた子供の親たちは、しばしば学校で注意されたそうだ。

ある医者の奥さんが言っていた。

「私も、先生に申し上げたんです。確かに、うちの子供はわるいところがあります。きつく注意します。でも、先生も、お授業を工夫していただきたいのです。このように言ったのです」。

子供がさわぐようになるのにかかった時間は「半年だった」と親たちは言う。「半年間のショック」だという。

親たちによれば、その主因は「授業のまずさ」にあり、かつ「一人一人の個性」を受け入れてくれない中学教師の度量の狭さにあるという。

この本を読まれる中学の教師は頭にくるだろうが、これが現状である。私がいなければ、もっとすごい悪口が出たはずである。それを知らないのは、当の教師だけである。

さて、授業がへただから子供がさわぐ。それを何とかしなければならない。

そこで、中学の教師の多くがとる方法が、「体罰」と「親への注意」である。授業のへたな教師ほどこの傾向が強い。

授業のへたな中学教師の中でも「とびっきりひどい」という教師が、学校で一人か二人いるらしい。

親たちに言わせれば「あの先生がいたからぐれたという子が、ぐれた子のうちの半数はいる」らしい。何かあると子供の言い分を聞かずになぐる(女の先生も)。親を呼び出すひいきをする。これで子供が反抗しなければ不思議である。

初めて知ったのだが、中学の教師のひいきはすごいらしい。

用事を頼むのは決まった子。コンクールに出すのも決まった子。子供たちは「やってもどうせだめだから、あいつに決まっているから」が口ぐせだという。

それでも、中学一年ならまだしも力で抑え付けられよう。しかし、中学二年、三年ともなればそうはいかない。子供の反抗は本格的になる。

そんな時、中学の教師は、父母を集めて親に言う。

「非行の芽は小学生の時にあったのです。その時に解決してくれていれば……」

私に言わせればとんでもない。主因は、中学教師の授業のまずさ、へたさである。子供はそこに反発するのだ。それを体罰でおさえ、親への圧力でかわそうとするから、ますますひどくなるのである。

授業がうまい教師、ひいきをしない教師、一人一人を大切にする教師なら、子供は反発はしない。

「いじめ」が中学で多いのも、「登校拒否」が多いのも、主因は「授業のへたさ」である。そこをのりこえなければ、解決はない。

いや、多くの親は結論を出しつつある。「公立を見すてて、私学に期待する」傾向である。

公立中学はどうなるのか、心配ではある。私も公立校教師のはしくれで、公立校に愛着がある。しかし、今のままではこの先に明るさはない。

スリッパで子供をたたくような教師に、親は教育を受けさせたくないのである。

私は過激に書いているが、むろん承知の上である。件《くだん》の中学教師は授業がへたで、それが「荒れ」の主因だということを、誰かが言わなくてはならないのである。

憎まれ役は誰だっていやだが、本当のこと、本質のことをかくしておいて解決はない。

「児童の権利に関する条約」は、こうしたことを考えるよい機会になるだろう。

むろん、これは中学にとどまらず、小学校、その他でも考えるべきことである。

第4章

学級づくりとリーダー

1　リーダーにとって必要なこと

（1）法則化運動になぜ多くの人が参加するか

法則化運動には、実に多くの人々が参加をする。参加のしかたはいろいろであるが、とにかく圧倒的多数の青年教師を魅《ひ》き付けている。今や、他業種の方々まで参加してくれるようになった。法則化運動は、なぜ人を魅き付けるのだろうか。

授業に役立つ方法があるからであり、授業が変わるからである。これが最も大きな理由である。

しかし、それだけだろうか？　それだけのことで、かくも多くの人々が参加をするのであろうか？

法則化に参加する教師は未熟な教師が多い。私どもはそれを率直に認める。しかし、立派な教師が多いのも事実である。本をよく読み、誠実であり、ネアカである。

こういう人を含めて、なぜかくも多くの人が法則化に参加をするのだろうか。

それは、そこにロマンがあるからである。教師として生きてきた証《あかし》が刻まれるからである。

法則化の教師に対して、「新努力主義」とか「売名行為」とかいう批評がある。しかし、ひとたび生を受け、教師をなりわいにする者にとって「子供にとって価値ある教師になりたい」と願わぬ者がいるだろうか。私は、「子供にとって価値ある教師になりたい」と思っている。そのために努力をしようと思っている。それが私の仕事であり、私の存在価値なのだから……。

また、教師の仕事をしていて、自分の努力の結果が仲間のために役立てばいいと思わぬ人間がいるだろうか。教師の仕事は、自分の殻にのみとじこもり、自分の担任する子供にのみ尽くせばいいのだろうか。

そもそも昭和二二年に制定された教育基本法では第二条に次の文が　明記されている。

> 教育基本法第二条（教育の方針）
> 教育の目的はあらゆる機会にあらゆる場所において実現されなければならない。この目的を達成するためには、学問の自由を尊重し、実際生活に即し、自発的精神を養い、自他の敬愛と協力によって、文化の創造と協力によって、文化の創造と発展に貢献するように努めなければならない。

教師は誰しも、この教育基本法にのっとってその仕事に就くことを宣誓し、署名したのである。

この法律は平成一八年に改正され、新しい教育基本法の第二条の三(教育の目標)では、「正義と責任、男女の平等、自他の敬愛と協力を重んずるとともに、公共の精神に基づき、主体的に社会の形成に参画し、その発展に寄与する態度を養うこと」となっている。

(2) 指導者のイメージが子供を規定する

千葉のとある駅のギャラリーで、小学生の絵を見た。ずらりと並んだ絵のどれもが、迫力あるいい絵であった。よく見ると、どの絵にも大きな花が描かれてある。そのむこうには、みな海が見える。どの絵も、すべてそうであった。センスのよい構図であった。同じ構図であっても、それぞれ個性があった。

きっと、指導者に、こうしたイメージがあったと思われる。指導する時点で、最終的に仕上がった絵を想像できる人でないと、無理である。

むろん、絵など好きなように描かせればよい——と言う方もおられよう。一方で、どの子にも満足させられる絵を、描かせたいと思う人もいる。

それぞれの考えがあろう。どちらであっても、よりよい絵を残していくことである。

やはり、よい絵を描かせるためには、よい絵をたくさん見ておくことなのである。指導者のイメージが、子供の絵を規定するのだ。

見たこともない絵、知らない絵を、描かせることができるはずがない。

この構図は、実は全国的に見られる。「自由に描かせている」はずの教師たちが、実は、きちんと指導していることの証拠である。酒井氏の本には「主調色」で出てくる。

『教室ツーウェイ』は、この構図を「近景の花」と題してコンクールを実施した。

この構図の存在は「絵図指導」を考える上での、大きなヒントになる。

(3) 教師の力量

教師は、学級内のリーダーである。

自分の担任しているクラスに、常に「夢」を思い描く人がいる。

逆に、無難なことだけをして、大過なく過ごしたいと思う人もいるのだ。長い間教員生活をしていて、本も読まない。他の人の意見やアイデアに関心もなく、自分のやってきたものだけで、教室を経営しようとする。

「夢」そのものが思い描けない人もいよう。どんなことがいったいできるのか、夢として実現できるのか、想像できなければ無理である。

一方、「夢」は次々とわき出てくるが、ほとんど実行できずに消えてしまう。

「ちょっと今の地点で無理だ。」

「これがないからできない。」

「夢」を追い、挑戦していくのである。

ならば、子供たちにも、「夢」を説き、実現していくように指導する。

最後の行動まで示す――。

それによって、子供たちは見通しをもち、安心して、行動を起こすことができる。子供たちの混乱の多くは、何をしたらよいか分からないところから来る。

先生の言っていることがよく分からない。この先もどういう方向にいくのか分からないとなると、急速に不安が募り、さわがしくなったり、授業の乱れに通じるのである。特に、体育、図工、音楽のように体を使うものは、子供の最終的なある状態を目標にする。絵にしても、工作にしても、指導する人が、どれだけの種類の仕上がりを頭に浮かべておけるかであろう。

先日の京浜教育サークルでは、一人が一年生のザリガニの絵、一人が演劇の指導を持って来た。

大きく描かれたザリガニの絵、やはり、どのような絵にしたいかという点がはっきりしており、また、ステップも段階を追っているものだった。

圧巻であった。演技指導もステップ化されていた。

絵にしても、舞台装置にしても、「すごい!」と思われるような実物を見ていなければ、このような指導はできないのである。想像力と、子供たちの活動を具体的に分析的に見ることのできる力――これを備えなければならない。

法則化では、「夢」を実現しようとするならば、いくらでもチャンスがある。

イベントを企画する力も、きたえられよう。一人でうちたて、最後まで責任をもってやりとげる。ぜひとも、意欲ある方々は、イベントに挑戦していただきたい。

今、巨大なイベントとして、「チャレラン」が、ますます大きくなっている。全国に広まり、成功している。このようにいろんなことをゴチャゴチャやっている。

今のところ整理していく気はない。整理しない方が、大きく動く。ゴチャゴチャの中で、やりたい人が、どんどん夢を実現していけばいいと思う。
そういえば、「法則化運動」は、とっくに最後の行動まで示してあった。二一世紀の解散である。

（代筆・石川裕美）

この部分は、石川裕美氏の筆である。実は、私が手遅れの盲腸で入院した時の連載記事である。
手遅れの盲腸で大学病院で五時間半の手術だった。
術前の気の遠くなるような激痛の中でお願いしたのである。

（4）具体的に場面を描く

子供を動かす法則
——最後の行動まで示せ——

最後の行動まで示せ——というのは、子供に最後の場面のイメージを作らせる——ということだ。教師が、最後の場面を思い描くことができなかったら、不可能である。

そうしたことは、他の場面でもあることだ。

五月の連休、都内のホテルで本合宿が行われた。ゴールデンウィークで、乗り物の切符もなかなかとれない中、一〇〇人近くの参加者で盛会であった。

三日間、かんヅメになる。オピニオンリーダー養成のための講座である。三日目に、ネットワーク別分科会があった。各ネットワークの今後一年間の活動の方向を、決定する場であった。

始める前に、少しばかりコメントをさせてもらった。

① この場は、おしゃべりをする単なるサロンではない。
② 今後の活動計画をできるだけ具体的に話し合うこと。
③ これからの活動において、必ず、「いつ」「どこで」「誰が担当か」「どのように行うか」を、はっきりさせておくこと。

これだけのことを、ほんのわずかな時間に話をしたのである。その結果、どの分科会でも熱気のある話し合いが行われた。コメントのおかげで、今の時間で何を自分はしていけばいいか、大変くっきりした——とも言われた。

ある分科会の世話人など、話が早く終わってしまうことを心配していた。ところが、現実には、時間がすぎても終わらない——という状況であったのである。

その場で何をすべきか、その場の雰囲気を、すばやくキャッチしていかなければいけない。先のことであっても、大事なポイントの事項を具体的に決めておかないと、他の人は動きようもないのである。

学校内の会合でも、こうしたことが起こる。委員会、研究分科会等でも、だらだらおしゃべりが続き、なかなか本題に入らない。意見が次々と出て、盛会だったのだが、司会進行役がぼんやりしていたために、何が決定事項なのか分からない。

職員会議でも、司会がうまく意見をくくることができずに、必ず反復する。最後に、話し合いの内容をまとめられず、だらだら他の人の意見をくり返すにすぎないのである。

みな、話し合っている内容が、具体的にイメージできないのである。身近なこうした場面でも、全力でやれば、必ず力になる。

私は自分の力量を高めるために、若いころから、自分の仕事に全力で当たってきた。学校全体からみれば、とても小さな係であっても、必死になってやった。やっていくうちに、学校全体のしくみが、パッと分かる時がある。

たとえ、ホウキ一本でも、学校全体が見えてくるものである。

(5) イベントリーダーの力量

夏には法則化の多くのイベントが行われる。旧盆以外、ほとんどあいている日がない。二〇代合宿、地方合宿、ネット合宿あり、日帰り講座あり……もりだくさんである。法則化の始まりのころに比べると、実に多様な企画になっている。

二〇代教師が、どんどん企画するようになった。やりたい者が言い出しっぺになり、やってしまう。誰でも熱意さえあればチャンスはある。我々は、何年かかけて力を付けて、力が付いてきた人がイベントや仕事などを手がける——などという手段はとらない。思い付いた時、アイデアのあった時がその時なのである。言い出した者は、最後まで責任をもってやり通すことが必要である。こうしたイベントでは、おのおののリーダーの力量も問われるのである。どんな力量が問われるのか……。

何かことを起こす時には、方策が具体的に考えられなければならない。いわゆる「構想」

「戦略」「戦術」である。

基本的方向を誤らなければよい。方向さえ間違えなければ、途中少々寄り道は、全く心配ない。目的地に行くまでに、どれだけのステップがあるのか、どのステップが一番有効であるのかを、分析できなければならない。

単に事務的なことだけではない。人の動きの予測である。参加する人たちが動きやすいように、有効な時が過ごせるように気配りができるかである。相手が何をのぞんでいるか、察しなければならない。そして、次にそのステップに基づき「行動」あるのみである。どんなにすばらしい企画であっても、机上の空論では意味がない。


人と話をする。

手紙・通信を書き続ける。

足を運ぶ。


あらゆる手段をこうじて、人に働きかけるのである。それは、五〇人規模の合宿でも、何千人、何万人の集まるイベントでも、同じことである。

始まりは、一人一人への呼びかけからである。

イベントは、一つの「夢」から始まる。一つの「志」でもある。「夢」の描き方、「志」のたて方は、各々ちがうであろう。しかし、実現へのステップが必要なのは、どれも同じである。そのステップは、夢を描いている時より、はるかに地味な仕事である。それを確実に、責任を持ってやりとげる者が、イベントを成功させるリーダーとなりうるのである。

中央事務局が毎年行ってきた二〇代講座は、一〇〇人規模から始まり、その後、だんだん大規模にした。一挙に四〇〇人になった時は、さすがに今までに見えてなかった問題がわき出て来るようであった。四〇〇人以上が一堂に会することが、不可能になってくる。開会式、宴会等、今までのようにはいかない。会場さがしが最大のネックとなる。

これだけ大世帯となるから、中には病人のことも考えなくてはならない。——ということで看護師の待機も考えた(実際に病人が出て、大事にいたらずにすんだ)。こうしたことが、人数の変化にあわせて、次々と空想できないといけないのである。人の動きを、しっかりと具体的に、思い描くことなのである。

思い描くことができるリーダーが、大きなイベントを成功させるのである。

2　リーダーは生まれる――提言／だれでも学級リーダーになれる・その条件――

(1) 人を得てことを為す

「人を得てことを為す」という言葉がある。

企画の要諦はここにある。

「ことを為す人を得る」ということもある。

しかし、それでは所詮、二流三流のことしか為しえない。

教育技術法則化運動の第一回二〇代教師講座は、一九八六年五月連休に二泊三日で開かれた。若者の町六本木の旅館である。パワーの炸裂した研究会であった。

全部で一二の講座があり、そのどれもが過激に面白かった。野口芳宏氏の超一流の授業から、宇佐美寛氏の論理をきたえる演習、大森修氏の骨太な実践研究から、佐々木俊幸氏の「やまなし」、根本正雄氏の鉄棒にいたるまで、それはそれはすごかった。

北海道から九州、四国まで全国にまたがる参加者はおよそ八〇名余。底ぬけに明るいネアカの集団であった。

法則化運動の応募論文、そして向山洋一編集長の新しい教育情報雑誌の応募原稿を持ってきた人も多かった。自分たちで自発的に持ってきている人がいたのである。それも、九〇人分の印刷をしてである。

出された論文、原稿はおよそ四〇本。これだけでもものすごい量である（それ以外に講座の資料がドーンとある）。この四〇本の原稿をその場で向山が批評する。どこがよいか、どこがわるいかを具体的に示す。これを九〇分でやる。だから、一本あたり二分から三分である。ものすごいスピードである。

第一回目の人は、ほとんど不合格で酷評される。ただし、どこをどうすればいいのかは、具体的に示される。若い教師は伸びるのがはやい。二回目には「アレッ」と思うようになり、三回目には「スゴイ」と感嘆するようになる。

この講座を準備したのは、京浜教育サークルである。総数一三名。

どれほどの綿密な準備をしただろうか？　それが、ほとんどないのである。

「二〇代教師講座をやって、全国からやる気のある青年教師に集まってもらおう」と企画したのが私である。その場で責任者が決められた。最も新しいメンバーで若い新牧賢三郎氏である。日取りを決め、東京でやることを決めて、後はすべて新牧君にまかされた。その次の時、どんな係が必要か、彼は一覧表を持ってきた。

それをサークルの面々が、「私はこれをやる」と取りあった。サークルでは、自分から仕事を見付けないとそのままになる。つまり、何もやらなくても一向かまわないし、他の人が世話をすることもしない。完全に自由である。

「やりたい人がやりたいことをやる」でことがすすむ。

会計、受付、資料販売、記録、写真など、いくつも仕事があるが、すぐに担当者は決まる。その後は、本人にほとんどすべてがまかされる。

写真の担当者は、当日、封筒を用意し、五〇〇円で発送を受け付ける。講座のテープを担当した若い衆は、講座の会場でボランティアの「テープ起こし」を十数人募集して、これまた、あっという間に立候補があって、自分たちでこなしてしまう。

打ち合わせの会などやらなくたって、パワーとエネルギーに満ちた講座を企画でき、成功させられる。自分がやりたいという仕事を本人にまかせて大丈夫なのである。

こまごまとした打ち合わせを念入りにやる企画もあるだろう。とりわけ、安定させなければならない企画、たとえば学校の行事などはその典型であろう。

しかし、こまごまとした打ち合わせからは、ダイナミックな動きは生まれない。だから、現在の日本で、花形になっているいろんな企画は、ほとんど「大ざっぱ」な打ち合わせから誕生している（はずである）。

教育技術の法則化運動では、いろいろな企画が目白押しに並んでいた。

それらの企画も、みんな、やりたいという人にまかされる。自由でのびやかで、好き勝手な活動方針なのである。新卒の教師にも、重要な仕事が与えられ、完全にまかされる。そして、そんなことでうまくいくのである。その方がうまくいくのである。

教育技術の法則化運動は、おそらく二〇世紀最大の教育運動になるだろうと私は予想していた。だが、その運動の活動方針は、「やりたい人がやりたいことをやる。やりたくなければやらなくていい」ということなのだ。

だから私は、その人その人に合った企画を考える。企画を考えて人を集めるのではなく、その人に向いた企画を考え実施する。そして、そこで出会った新しい人々に向いた企画をまた考えるのである。

それならば、人は、自分からすすんで企画に参加して仕事をすすめていく。

（2）子供に向いた企画を

これは、教室の活動を組み立てる上でも、全く同じことである。

クラスの子供たちに向いた企画をまず考えるのである。

これを教師は、しばしば逆にする。

枠組みを作って、その枠組みに子供をハメ込むのである。当然ながら、子供はハメ込まれない。イヤイヤをする。少しずつ少しずつ、枠組みからはみ出していく。

当然のことだ。あたり前のことだ。人間らしいことだ。

だから、そこにうまい方法を導入する。うまい方法というより、効き目のある方法だろう。

たとえば、管理のシステムである。

たとえば、競争のシステムである。

悲しい性《さが》で、人間は管理に弱い。競争にも弱い。子供もしばらく熱中する。教師は、いい気になる。

しかし、こんなのは、私はやりたくない。私がそこにいたら、逃げたくなる。

なぜこんなことになるのか。枠にハメ込もうとするからである。もちろん、枠が大切な時もある。しかし、それは最小限にとどめたい。

リーダーは「何かことをする」時にこそ必要なのである。

何かをするから、リーダーを決めなくてはならなくなるのである。

「リーダーがあるから、何をする」のではない。

ところが、しばしばこれが逆転されている。


学級の全体で取り組まざるをえないようなこと、しかも誰もがやりたくなるような面白くて楽しいこと、このような場をまず作り上げるのである。

たとえば「逆上がりパーティー」だとしよう。

パーティーには、やることがいっぱいある。プログラム、司会、かざり、ゲーム、案内状、……。どこをやっても楽しい。面白い。だけど、「方針」「役割分担」などをしないと仕事はうまくいかない。

このような中で、リーダーは生まれてくるのである。

リーダーは「育てる」のではない。「生まれる」のである
それぞれのパートにも責任者が必要となる。パートのリーダーである。このリーダーも責任が生じる。一回のパーティーをやれば、たくさんのリーダー経験者が生まれる。それはそれはすごい数だ。

こういうことが、学期に一回くらいあって、しかも係活動が「文化・スポーツ・レクリエーション」の分野に絞られて日常的にされていれば、たくさんのリーダーが生まれてくる。このような場を与えることが最大の条件である。

全生研と法則化運動は共に教育運動である。一九八六年当時、規模、歴史から見れば前者が横綱クラス、一方後者は(つまり私たちは)、幕下以下であろう。しかし、今後どちらからより多くの教育界の若きリーダーが生まれるか、楽しみである。

(3) 一流の条件

法則化運動という言葉はきつい言葉である。

その「きつさ」ゆえに、しばしば人に反発を感じさせる。

教育において「法則化などできるものか」と批判されるわけである。

法則とは、ある種の共通性を持つものなのだが、人によってちがいすぎる場合があるからである。

人間は自分の理解の範囲を超えると排除する傾向があるのだという。

過日、法則化中央事務局で「一流になるための条件」を考えてもらった。

「一流になる条件を一つだけ挙げるとしたら何だろう」と私が聞いたのである。

そこに居あわせた一五名ほどの人間がまるでちがうことを主張した。

ある人は「押しの強さ」を言った。

ある人は「何でもやることだ」と主張した。

ある人は（こともあろうに）「ルックスだ」と言った。

ある人は「ねばり強い」ことだと強調した。

法則化の中央事務局といえば、教育界の一流の方に接する機会も多くあるのだが、それでも言うことはバラバラであった。

私にとっての一流についての考察は以下のとおりである。


「一流」を作りたいといっても、かんたんにできるわけではない。

いや、一流の人間を作るのは大変むずかしいと言っていいだろう。

第一に、本人に才能と実力がなければならない。「智・衆と同じきは、国師にあらざるなり」という言葉がある通り、みんなと同じ程度の力では一流になれない。

第二に、努力する人でなければならない。

第三に、人柄がよくて、みんなから好かれ、その上に、謙虚でなくてはならない。謙虚さに欠ける人間は、すぐにつぶれてしまうからだ。

そして、大切なことだが、才能と実力があって努力する人であり、しかも謙虚であっても、一流になれる人はまれだということである。

第四は、その人の実力・才能が、その時代の人々の求めるものにマッチしていなければならない。

したがって、何かキラリと光る新しい主張がなければならない。

キラリと光るものがあれば、実力は多少低くてもかまわない。後からでも力は付けられる。

しかし、多くの人は、ここでまちがう。「力があれば一流になれる」と思っているのである。

特に年をとるほどそうなる。

さらに、第五に、舞台がなければならない。

その人を押し上げる人々、あるいはプロデューサーが必要である。

これらのことがマッチして、本人の努力も伴って「一流になれる可能性」が生まれるのである。

この向山の主張の妥当性はどのくらいあるのだろうか。法則化中央事務局の面々と同じように向山個人の勝手な思い込みなのだろうか。

さて、芸能界のスターの一人に「たけし」がいるが、その兄の北野大氏が大田区の「生活情報」誌の中で「芸能界で一流になるための条件」を述べていた。北野大氏は工学博士であり、ご自身がタレントでもあるので、氏の分析はそれなりに説得力があると思う。

芸能界は自分とは無関係な派手な世界だと思っていたそうだが、実際は一般の世界と共通する点がいくつかあるということだ。

第一に、才能がなければ絶対に一流になれない。第二に、努力が不可欠であり、第三に人間性も重要。第四に運というものがあり、第五は体力だという。

一流になるためには、これらの条件を満たさなければならない。

これを私の考えと比べてみよう。

一流になる第一の条件

向山　才能と実力がなければならない。

北野　才能がなければ絶対に一流になれない。

これは、ぴったり一致していると言えよう。

私の方は、「才能」の他に「実力」という項目も加えている。

教育界と芸能界のちがいであろう。芸能界は、それだけ才能がものをいうわけである。

教育界は、才能が劣っていれば実力を付ければよい。

一流になる第二の条件
向山　努力をする人でなければならない。
北野　努力しないとダメということです。

これもぴったりと一致している。

「努力」とは、どれほどのものか、それを通過した人が知っているのである。

私は「黒帯六条件」、あるいは全国区のライターになりたいのなら原稿用紙換算一万枚の論文、通信、記録、原稿などを書くこととして示した。

でも、もっと言えば「黒帯六条件」に苦労している人はやはり少し無理かなと思う。そんなことは何の苦もなく(苦はあるが)、当たり前のようにこなしていける人、つまりいわゆる努力が生活化されている人でないと、ぬけ出るのはむずかしいと思う。

努力なんかやって当たり前、そんなのが身に付いて空気みたいになっているのが望ましいのである。

努力を楽しんで味わっている境地になってほしいのである。

> 一流になる第三の条件
> 向山　人柄がよく、みんなに好かれ、謙虚である。
> 北野　人間性ですね。

これも、ほぼぴったり同じと言っていいだろう。

私の言っているのも人間性である。私の方がもっと具体的に、人間性の中身について言っているのである。

私は、「人柄がよく、みんなに好かれ、謙虚である」ことだと思う。そういう人のところへは、人が集まる。人が応援してくれる。

「人が集まり、人が応援してくれる」ことは、一流になる重要な要素である。

一流になる第四の条件
向山　その人の実力・才能がその時代の人々の求めるものにマッチしてなくてはならない。
北野　才能と努力がなければだめですが、それだけではだめです。そこには運というものがあるでしょう。

これも、おそらく似ていると思う。

実力・才能は必要だが、それだけではだめだと言っているのである。

多くの人は、実力・才能があれば一流になれると思う。ところがちがうのである。それだけではだめなのだ。

では何が必要なのか。

北野氏は、「運」だという。

向山も同じく、「運」だと思う。しかし「運」では分かりにくいので、向山は第四条と第五条に分けて述べた。

一つは、時代が求めるものに合っていること。

一つは、舞台かプロデューサーをさがしあてること。


これが、運なのである。

運は「時代が運んで来る」ものであり、「人が運んで来る」ものなのである。人とのつながりをおろそかにする人に、「運」があろうはずはないのである。時代の息吹を求めない人に、「運」があろうはずはないのである。

一流になる条件は何か――ということを中央事務局の面々に答えさせたら、みんながちがった答えを言ったことを述べた。それもかなり、外れた答えである。

だから、中央事務局の面々に、そのまま論議を続けさせれば、激論が続いたことだろう。

最後は、バラバラで終わって「いろいろあるさ」ということになったかもしれないし、声の大きい人間にひきずられたかもしれない。

しかし、向山と北野大氏の場合は、考えが全くといっていいほど同じなのである。これほど似た答えが出る確率の低さは、天文学的な数値だろう。だからこそ、ある種の真理を含んでいると言える。法則ではないが、「法則」と呼んでさしつかえのないくらいの真理を含んでいると思う。


なぜ、法則化からは多くの一流の教師が誕生するのか？

なぜ、法則化からは多くのライターが誕生するのか？

それは「法則」を使いこなせる人間がいるからである。法則化中央企画室の三名である。能力や実力を見ぬき、人がらを見ぬき、主張するところを見ぬく人間がいるから、多くの人は育つのである。

「そんな法則などあるものか」と批難を投げかける人は、残念ながら没落していくほかはないのである。

このような法則は、様々に応用できる。

たとえば「子供の能力を伸ばすための教師の五条件は何か」などというテーマは、大変に面白いと思う。このような「テーマ」を設定して、サークルの折などに話し合ってみることも大切だと思う。

3　別れを演出する

演出にとって、大切なことを一つだけ挙げろと言われれば、私は「夢を描くこと」と答える。夢を描けない人に演出は無理である。最も考えられる極限まで夢を求めて、その中でいくつかが実現されるのである。私は、ずっとそのように考えてきた。

(1)　卒業行事を計画する

初めての卒業生を出した時（大学卒業後四年目だった）、学年の三人の担任で、次のような卒業行事を計画した。関連する学年通信、学級通信を紹介する。

卒業関係行事予定表（学年通信「とんばら」一九七二）

卒業へ　卒業へ　とまっしぐら!!　喜びやら　悲しみやらをつんで……卒業関係の諸行事の予定を、お知らせします。子供たちの育ってきた力のすべてが発揮され、高い質の活動が作られねばと思っています。

日時	名称	内容	対象	活動推進組織	実行委員立候補条件	担当
三月中旬迄	卒業記念制作	卒業を記念する（残す）作品の制作	六年全員	◎卒業制作実行委員会	各クラス男女各二	三浦
三月一四日(火)	卒業遠足	未定	六年全員	クラス別（集会係等）		
一六日(木)	父母会と児童のお楽しみ会	百人一首・フォークダンス等体育館	六年全員・六年父母	◎学年集会実行委員会	実行委制限なし（最少一〇名～最多三〇名規模）（かんたんな方針案）	小出
一八日(土)	クラス解散パーティー	解散パーティーにみあう内容、演出。単なるお楽しみ会でない	六年全員各クラス	各クラス別実行委	方針案をもって立候補制限は全くなし（各クラス別）	
二一日(火)	在校生とのお別れ会	未定（校庭の体育館で一時間程度）	全児童	五年生		特活＋五担
二三日(木)	先生・主事さんとのお別れパーティー	例年の形式を変える。パーティー形式。構想未	六年全員・教職員	◎お別れパーティー実行委員会	方針案をもって立候補、人数制限なし	向山

三月二四日㈮	終業式					
二五日㈯	卒業式	よびかけ作成装飾（壁面）		◎卒業式実行委員会	人数規模：よびかけ（六～一二名）装飾（二〇～三〇名）	林
未定	スポーツ対抗試合	対教職員、対五年生の試合				
未定	各委員会総括会議	委員会活動の総括と今後の方向	五・六年	各委員会・運営委員会		各委員会担当児活
未定	児童総会	委員会活動の総括および諸問題				

そして、今から三十数年前、私は卒業にあたって次のような学級通信を発行した。

別れの序章

えとせとら（一六五号）一九七七年一月二一日

◇別れとは、常に感傷的であり、ロマンに満ちている。もしも人の生が永遠《とこしえ》であり、幾百幾千万年も永らえるものであったら、人生は実にたいくつであるだろう。私は弱い人間だから一〇〇歳までは長生きしたいと思う。しかし二〇〇歳まで長生きしたいとは思わない。

自分と共に、その人生の活動期を生きてきた人々がすべて世を去り、見知らぬ他人の中で、老いの身体で生き続けていく淋しさに耐えられるほど、私の心は強くない。何らかの仕事ができ、何らかの人との絆があることが、生きていくためには必要なのだ。

◇子供たちと数十日で別れる。「別れがあるからこそ人の世は美しく、出逢いがあるからこそ人の世はすばらしい」と、いつも思っていたことを、卒業文集に記入した。
美由紀が習字の時間にやってきて、「愛あるからこそ人の世は美しい」と書いてくれという。人生の半ばを終えた三三歳の男と、これから花の人生が始まる一三歳の少女のちがいをそこに見た。

子供はいつまでも教師のものではなく、親のものでもない。そこを離れ自立していく時期が必ず来る。結婚式でそっと涙を浮かべた花嫁の父親の涙を、何度か見たことがある。女房と別れても泣きはすまい男の涙である。そんな心が痛いほど分かる年に、私もなってしまった。

◇「赤ちゃんは、風邪をひいて、ハナミズを出しても、自分でどうすることもできないだろう。そういう時は、親がすすってやるんだ」「夜中に起きて、乳をやり、おしめをかえる。そうしたことを、君たちは一人の例外もなくされながら大きくなってきたんだ」。「きたないじゃないか」と誰かが言った。「そうだ、何のためらいもなくそうしたことができるのは、親子の間だけだ」と私は言った。シーンとした教室に、喰い入るような目が光っていた。

◇「自分一人で大きくなったと思いあがるんじゃない。どんなにいやだと見える親でも、そうしたことをして育ててくれたんだ。そして、それのお返しを親は何も期待していない。

君たちには君たちの人生があるから、やがて自立していく時が来る。でも、その時はそうした親の愛に感謝せねば人間ではない。初めての月給袋をそっくり親に渡せというのはそのためだ。お金をあげるということじゃないんだよ。やっと一人前になって、自分でかせげるようになった。喰っていけるようになったという記念なんだ」そんな話をした。

◇「ボーナスは先生だろう」誰かが言った。教室は爆笑につつまれた。「そう。これから一〇年して、向山という先公がいたことを思い出したら、焼き鳥屋につれていきなさい。お金がなかったら先生が出してやるから」と答えた。

「教えるとは希望を語ること」と誰かが言った。この時、私たちは、一つの夢を語りあっていたのである。

(2) 一年生を担任した子の卒業

一年生を担任した子供たちが卒業することになった。卒業する子供たちのために一文をしたためた。思い出深い子供たちだった。

法則化の教師は若い男性が圧倒的に多く、そのため高学年担任が多い。しかし、ぜひ、早いうちに一年生の担任をすることをすすめたい。一年生の担任は、教師にとって至福の状態である。

とってもすてきな子供たちでした

向山洋一

みんなの顔を思い出します。一人一人の顔が浮かんできます。

入学式の前の日、先生はほとんど寝られませんでした。みんなと会うのが楽しみだったのです。入学してくるみんなに、どんな話をしようかなとそればかり考えていました。

入学して三日目、朝教室に行くと女の子が一人泣いていました。他の子がみんな、なぐさめています。

泣いていたのはWさんです。学校が大きすぎて、さびしくて泣いていたのです。他の子が「大じょうぶだよ」とはげましていたのです。

みんなは何てすばらしいのだろうと思いました。みんなのことが大好きで大好きでたまらなくなりました。

先生は、よい先生になるために、もっともっと努力しようと思いました。小方先生も西川先生も一緒に努力しました。三人の先生でよく話し合ったものでした。

先生は今になっても、とってもすばらしい学年だったと思っています。

先生は、みんなが大きくなるのがとっても楽しみです。一緒にお酒を飲んでいろいろな話がしたいと思っています。人生に失敗やいやなことはつきものです。でも、くじけちゃだめですよ。

私の手もとに、子供たちが自分の名前を書いた細長い画用紙と自分の顔を描いた絵がある。一年生を担当した四月八日、学校生活の初めての授業で書いた文字であり、描いた絵である。私はそれを大切に保存してきた。卒業の時に、ぜひ、プレゼントしたいと思ってきた。子供たちが入学して最初に受けた授業のことを、卒業の時にプレゼントしたいと思ったのである。教師である私ができる、私なりの卒業祝いである。

（3）卒業生への寄せ書きのクレーム

卒業する六年生への寄せ書きにクレームをつけられた。卒業アルバムに書く文章である。前任校で寄せ書きを書いている時に、尊敬する坂本茂信氏が言った言葉が忘れられない。

「みんな、自分にできないことを書いているな！」

確かにそう言われれば、努力だの信頼だの（それ自体は大切なことだが）きれいすぎる言葉が並んでいる。

その時以来、卒業アルバムに向かう時、坂本茂信氏の言葉が頭にチラつくようになった。

寄せ書きに、次のように書いた。

> 人生には、いいかげんだから成功することもあるんだよ。
>
> 向山洋一

これは、私の実感である。

精緻を極めて真面目にやったことがうまくいかなくて、大づかみでやった方がうまくいくことがよくある。精緻だとどこか真実から離れて、大づかみだと本音そのものということがあるからである。

法則化運動にもそれはある。最たるものは、法則化の会則である。大体が法則化運動が誕生して一年間は会則などなくて、行きあたりばったりでやってきたのである。

成功している企画の中にも、こういうのは多い。むろん「いいかげん一方」というのは成功率は低いが、まじめな中の「いいかげんさ」は必要である。

「アバウト」の世界である。「アバウト」の世界は、本音の世界でもある。世の中を動かしている人の多くは、「アバウト」でものごとをなしとげられる人である。教師の世界から一歩出ると、これはもう常識と言っていいだろう。

しかし、こういう表現が気になる人もいるらしい。

それで、二行ばかり付けたした。

人生には、いいかげんだから成功することもあるんだよ。

いろいろと考えられることは大切だから……。

失敗でいつまでもくよくよしないことは大切だから……。


どうも、パンチがうすれた気がしないでもないが、人生にはこんなこともあるのだろう。

さすがに校長先生は「書き直してほしい」などということは言わなかった（それは、思想・信条にかかわる極めて重大なことであろう）。「正確に意味がとれるように配慮してほしい」ということだった。

（４）中学生の『向山学級騒動記』感想文

小学校を卒業すると子供は急に成長する。考える世界も広がる。

実は、中学校の教室に私の本を置いてあるという。中学生が向山の教育書を読むのである。

私の本を読んだ中学二年の女の子は、次の文を書いた。

『向山学級騒動記』を読んで

K・Y

先生のすばらしさ、寂しさ、責任の重さ、そんな教師の真情がどの文章からもせまってくる本だ。教師の本音にふれて、今までよりほんの少しだけれど「先生」の姿が見えてきたようだ。私はこれを読んで教師になりたくなった。

個性あふれる向山学級の子供たちと、彼らのエネルギーを全身で受け止める先生との、魂のぶつかりあいはすさまじい。生きている、充実しているということはこれなんだと、思わず拍手をおくりたくなる。一つのことに全員が情熱を燃やし、一人一人の力を結集して目的を達成するようすは、とても小学生とは思えない。これに比べて私のクラスの場合はどうだろうか。

話し合いの場がもたれても活発な意見はでない。優等生組と、まあまあ組と、落ちこぼれ組とに分類されて、意欲も関心もうすく、その場かぎりの発言で終わってしまう。なにが原因なのだろうか。中学生になったとたんに、好奇心や情熱や、まっすぐな心をみうしなってしまったのだろうか。羞恥心が発達して大人の世界へ一歩近付いたから、他人に裸の心をみせられなくなったのかもしれない。

自分の意見を率直にのべるのは、勇気がいる。同意を得られることもあるが、反発、批判、誤解をうけることもある。しかしそれに耐えて、論争し理解しあってこそ、自分も周囲も共に成長していけることを、向山先生は教えてくれた。魂と魂がぶつかりあって火花を散らし友情を育て、全員が向上していく向山学級が、私はどうしようもないほどうらやましい。

どんな差別も許さない。にせものは許さない。この二つが向山先生の信念だ。だから、グループづくりの過程で偶然に起きた「仲間はずれ事件」に対して、彼は厳しすぎるほど厳しい。「授業をやらない」と宣告して教室を出ていってしまう。生徒は悪意からではなくおきた差別に対して、とまどいうろたえながら必死で解決の道を模索する。

校庭の隅で全員が輪になって話し合い、下校すると塾も稽古もとりやめて、また激論する。二日目、みんな黙想し、自習をして反省の姿勢をみせるが先生は「見せかけだけの人格だ」と許さない。三日目、彼は「何を考えたかを書いてきなさい」とヒントをあたえる。そして四日目、それをもとに四時間ぶっ通しの集会をする。ものすごいエネルギーと信頼の強さ、教師、生徒、父母の絆の確かさに私は感動した。今の中学校にないもの、私たちが欲しがっている世界がこのクラスにはある。先生と生徒が死にものぐるいで作った世界だ。

「人間としての優しさ、あたたかさ、こまやかさ、強さをもっていることである。人間らしさに敏感なことである。注意深いことである」。この向山先生の言葉を私はしっかりとかみしめていこう。誰にでも可能性はある。欲しがってばかりではどうにもならない。努力をすれば私たちにも向山学級はできる。私は全身でぶつかっていく生徒になりたい。そして全身で受けとめてやれる教師になりたい。

(5) さらに問い続けよ

私は一年生に入学した最初の授業で書かせた「文字」と「絵」を保存してきた。これは誰でも真似ができる。

担任をした最初の授業の時、その子にとって意味のある何ごとかを書かせ保存すればよい。若い教師の中には、「そういうことをすればいいのか」と思われる人もいるだろう。このように、先輩のやったよいところを一つ一つ学んでいけばいいのである。そして、こういう一つ一つの経験が次のような疑問を生じさせるだろう。

> なぜ、向山は最初の授業の時に、文字を書かせ、絵を描かせることを思いついたのか？　自分もそのようになるためにはどうしたらいいのか？

これは、大変によい疑問である。重要な疑問である。
このような問いは、他にも作ることができる。

井関義久氏は指導主事の時代に、多くの小学校で分析批評のことを話した。
ほとんどの教師はそれを拒否した。
なぜ、向山だけが分析批評を受け入れられたのか。

あるいは、次のように言うこともできる。

跳び箱が跳べない子の指導について、昔から研究がされてきた。しかし、指導法が確立されなかった。
なぜ、向山は跳び箱の跳ばせ方を法則化できたのか。

おそらく、成長しつつある法則化の若き教師はこのような問いを発しつつあるだろうが、
これこそ問題の核心なのである。

解説

学級を安定させるために最も大切なこと、それは学級のしくみづくりです

真岡市立真岡東小学校　松崎　力

今春、大規模クラスの学校に異動をしました。最初の職員会議で出された内容の中に、「学級を安定させるには、最初の三日間が大切です」という言葉が出てきました。職員もその言葉にうなずいていました。これは、今年度担任する子どもたちとの出会ってからの三日間を指しているのでしょう。この三日間を「黄金の三日間」といい、多くの教師が知るところになりました。

しかし、私が教師になった三〇年以上も前には、そのようなことを教えてくれる先輩は、一人もいませんでした。

教師になって、最初にいったい何をすればいいのか、そんなこともわからずに教育のプロとして子どもたちの前に立っていたのです。

幸い私は学級崩壊を起こしませんでしたが、今思い起こしても、冷や汗ものです。

学級は何とか運営していましたが、私のしていることは行き当たりばったりの思い付き程度のことで、時には大きな声をあげて子どもの動きを制していたのです。恥ずかしい限

りですし、いかに当時の子どもたちに助けられていたかを実感しています。

その私に、光明を射してくれたのが『学級を組織する法則』です。

この本は、新しく学級を受け持って、最初に何をすればいいのかを実に具体的に教えてくれています。例えば、向山洋一氏は、「学級づくり」の組織論において大切なことは何だろうかと投げかけます。

答えは明快です。「新年度、できる限り早く、学級の仕組みを作る」としています。

そして、「目安をいえば、始業式から三日以内である」と続けます。そうです。ここで「黄金の三日間」が登場するのです。

さらに「全力をあげろ」と警告も発しています。この時期をのほほんと過ごしてしまうと、後々に大変になってしまいますので、心したいことです。

私自身、とても苦い経験があります。教師生活の中で、一度だけ学級崩壊とまでは言わないにしても、かなり辛い時期を過ごしたことがあります。

大切な年度初めの時期をいい加減に過ごしてしまったのが原因で、子どもたちと信頼関係を築くことに失敗してしまったのです。

男子はいい加減さにまみれてトラブルばかりを起こし、女子は陰湿ないじめを連発します。修正しようとさまざまなことを試みましたが、最初の失敗は補うことができませんでした。辛く、また自信を無くした一年間でした。

それ以降、この時期を最も大切にするようになりました。

では、具体的に何をすればいいのでしょうか。「大切にしなさい」と口だけで言うのでは、まったく効果がありません。

これについて向山氏は、担任がいなくても、子どもたちだけで一週間生活できる状態にすることを提案しています。もちろんそのような事態にはなるはずはありません。それでも、「子どもの生活のすべて」が、「子ども自身の運営」によって「快適に過ごせる」ようにするには、一週間のいかなる場合にもある種の役割が必要になってくるのです。

この提案に沿って、登校から下校までの子どもたちの様子を思い浮かべていくと、そこに「誰が」「何を」「どのようにする」のかということが、事細かに見えてきたのです。それらすべてが、学級のシステムになっていくのでした。

私も必死でした。あの辛い日々は、もう二度とごめんです。

この本の中には、目から鱗が落ちるような内容がたくさんあるのですが、その中でも係活動と当番活動の違いには驚きました。

学級の係といえば、「黒板を消す」「電気を付ける」といった何らかの仕事をすることだと思っていました。それは、自分が子どものころに経験した係活動が、そうであったからです。

しかし、これらの仕事は、毎日同じことの繰り返しであり、そこに工夫を挟む余地はありません。だからこのような仕事は、当番なのです。なるほどと思いました。

これらの仕事を「一人一役」として設定しました。どのような仕事が必要かと考えた時、先ほど示した登校から下校までをイメージすると、次々と仕事が浮かんできました。

そして係活動は、学級を豊かにするものだということにも目から鱗が落ちました。文化・スポーツ・レクリエーションを作り出すしくみが「係」だということを初めて知りました。

これらを教室に持ち込むと、子どもの目の色が変わりました。

ただし、なかなか定着はしません。ではどうしたら定着していくのでしょうか。

それは本書に書かれています。この本は、まさしく宝物です。じっくりと読み込んで、ぜひとも追試をしてください。学級が激変します。楽しい教師ライフを提供してくれます。

教室での実践から、社会貢献活動の取り組み方まで学ぶことができる貴重な一冊である。

愛知県豊田市立東保見小学校・TOSS Sunny代表　井戸砂織

生まれ育った高知で教員をしていたとき、校内で私が一番尊敬していたI氏が私に一冊の本を貸してくれた。向山洋一氏の『跳び箱は誰でも跳ばせられる』だった。

結婚し、愛知に引っ越す時に、I氏に思い切ってお願いをした。「向山先生の本をもっと貸して頂けませんか」。

I氏は、段ボール一箱、私に貸してくれた。中を開けると、向山氏の本がぎっしりつまっていた。その中に、この『学級を組織する法則』が入っていたと記憶している。

この本を読み、最初に驚いたことは、「当番」と「係」を明確に分けることであった。給食当番、掃除当番、そして、「落とし物」「黒板」などの仕事。「しかし、まだ足りない。」（一六ページ）と向山氏は言う。

「豊かな生活」というのか「楽しい生活」というのか、そういうものを作り出していくしくみがない。文化・スポーツ・レクリエーションを作り出すしくみが必要である（一六ページ）。

私の学級にも、「係」が生まれた。ある子供は、思い出をまとめた作文にこう書いていた。4年生、お笑い係の男の子だった。

「ぼくは、学校の中で、係活動が一番好きです」

私には衝撃だった。係活動は、そんなに楽しいのか。

5年生を担任した時、できないことやわからないことがあるとパニックになる男の子がいた。人を笑わせる事が好きで、すぐにお笑い係を選んだ。しかし、ネタが浮かばないときは、「ああ、思いつかない！　どうしよう！」と言って、泣き出すことがあった。「A君、今日、学校が終わったら一緒に考えよう」。優しく声をかけるB君。

係活動をやるからこそ知る子供の姿を数々見てきた。

あれから、長い年月が過ぎ、今、一番役立っているのは、この本の中の次の言葉である。

はじめに夢がある（五六ページ）

教師修業とともに、力を入れている社会貢献活動。二〇一四年度一年間で、サークルの仲間とともに、愛知県内で、子供から大人まで楽しめる講座を二四回開催し、参加者は一〇〇〇名を突破した。「とよた子ども観光大使」「コミュニティ脳トレ士ジュニア教室」「グローバル&チャレラン大会」「アタマ元気教室」「ニャティティソーラン教室」などだ。

「社会貢献活動」の話を初めて向山氏から聞いた時、私は正直言うと、興味がもてなかった。土日には、セミナーがある。ゆっくりしたいときもある。社会貢献活動に取り組む余裕がないと思った。

しかし、まず、一回やってみた。チャレラン大会である。私は、それまで、「チャレランのどこが楽しいのだろう」と思っていた。大会をするからには準備が必要である。前の週に同じ会場をとって、チャレランを運営する練習をした。「洗面器お手玉入れ」「豆つかみ皿うつし」「輪ゴムとばし」などを初めて経験した。

チャレランってこんなに楽しいのか。子供時代に戻ったかのようだった。チャレランという遊び文化に熱中した。

次々と他の企画に挑戦した。向山先生が言うような「夢がある」企画にしたいと思った。助成金を頂けるようになってからは、県外から講師を招いた。酒井臣吾氏(図工)、根本正雄氏（体育）、伴一孝氏（国語）、師尾喜代子氏（脳トレ）、舘野健三氏（脳トレ）、関根朋子氏（音楽）、小井戸政宏氏（タグラグビー）に来て頂いた。楽しそうにいきいきと活動する子供達、一流の先生から学び仲間達の喜びを想像するだけで、嬉しかった。

社会貢献活動に出会ってから、教師修業、そして生きることが何倍も楽しくなった。

『学級を組織する法則』

次、読むときは、どんなことを思い、どんな企画を思いつくだろう。私がこれからも一生、読み続けたい大切な一冊である。

学芸みらい教育新書 ❹

新《しん》版《ぱん》 学《がっ》級《きゅう》を組《そ》織《しき》する法《ほう》則《そく》

2015年8月1日　初版発行

著　者　向《むこう》山《やま》洋《よう》一《いち》

発行者　青木誠一郎

発行所　株式会社学芸みらい社
〒162-0833 東京都新宿区箪笥町31番 箪笥町SKビル
電話番号 03-5227-1266
http://gakugeimirai.com/
E-mail：info@gakugeimirai.com

印刷所・製本所　藤原印刷株式会社

ブックデザイン・本文組版　エディプレッション（吉久隆志・古川美佐）

落丁・乱丁は弊社宛にお送りください。送料弊社負担でお取替えいたします。

ISBN978-4-905374-78-7 C3237